Romano Guardini

Die Annahme seiner selbst

Den Menschen erkennt nur, wer von Gott weiß

topos taschenbücher, Band 490
Eine Produktion des Matthias Grünewald Verlags

Romano Guardini

Die Annahme seiner selbst

Den Menschen erkennt nur, wer von Gott weiß

topos taschenbücher

Verlagsgemeinschaft topos plus
Butzon & Bercker, Kevelaer
Don Bosco, München
Echter, Würzburg
Matthias Grünewald Verlag, Ostfildern
Paulusverlag, Einsiedeln (Schweiz)
Verlag Friedrich Pustet, Regensburg
Tyrolia, Innsbruck

Eine Initiative der
Verlagsgruppe engagement

www.topos-taschenbuecher.de

Bibliografische Information der Deutschen Nationalbibliothek
Die Deutsche Nationalbibliothek verzeichnet diese Publikation in der Deutschen Nationalbibliografie; detaillierte bibliografische Daten sind im Internet über http://dnb.d-nb.de abrufbar.

ISBN 978-3-8367-0490-8

2026 Verlagsgemeinschaft topos plus, Kevelaer
15. Taschenbuchauflage

Bei Fragen zu Nachhaltigkeit und Produktsicherheit wenden Sie sich bitte an
produktsicherheit@verlagsgruppe-patmos.de

„Die Annahme seiner selbst“: Unveränderter Nachdruck
der 5. Auflage, Würzburg: Werkbund Verlag, 1969 (1. Auflage 1960)
„Den Menschen erkennt nur, wer von Gott weiß“:
Unveränderter Nachdruck der 4. (erw.) Auflage, Würzburg:
Werkbund Verlag, 1965 (1. Auflage unter dem Titel:
Nur wer Gott kennt, kennt den Menschen, 1952)
Umschlagabbildung: www.photocase.com / cw-design
Einband- und Reihengestaltung: Finken & Bumiller, Stuttgart
Herstellung: Friedrich Pustet, Regensburg
Printed in Germany

Inhalt

Die Annahme seiner selbst

Jeder Denkende weiß, daß er immer wieder an Dinge kommt, die ganz einfach, ja banal erscheinen, deren scheinbare Banalität aber nur die Kehrseite ihrer Tiefe und Bedeutungsfülle ist.
Diese Einfachheit kann sogar zur Hülle ihrer Bedeutsamkeit werden. Unsere Erwartung sucht gern das Interessante und das Ungeheure; so lange wir aber diesen Wunsch festhalten, umgibt sich das wirklich Bedeutungsvolle mit dem Charakter der Alltäglichkeit und entschwindet darin dem Blick. Der wirklich Denkende muß lernen, den Schein der Selbstverständlichkeit zu durchdringen und in die entsunkene Tiefe einzutauchen.
Fassen wir eine solche Wahrheit ins Auge – jene, die uns am nächsten angeht: daß ich der bin, der ich eben bin – jeder von uns er-selbst.

Wir drücken sie durch den Satz aus: Ich bin mir das einfachhin Gegebene. Jenes, von dem mir selbstverständlich ist, daß es sei; das die Voraussetzung für alles Übrige bildet; auf das ich alles beziehe, und von dem her ich an alles herantrete.
In allem setze ich mich ja doch voraus. Jede Aussage, die ich mache, enthält, offen oder mitgemeint, das Wort »ich«. Jeder Akt, den ich vollziehe, ist getragen von »mir«. Was in meinem Lebensbereich geschieht, trifft »mich«. Immer bin ich dabei: direkt, in unmittelbarer Tätigkeit, Begegnung, Beeinflussung – oder indirekt, indem »meine« Umgebung, »mein« Land, »meine« Welt betroffen ist.
Dabei kann ich mich immer weiter vom unmittelbaren Ich entfernen. »Umgebung«, wurde gesagt, »Land«, »Welt« – immer bleibt aber die Beziehung zu mir: es ist die Umgebung, die mich umgibt; das Land,

in dem ich wohne; die Welt, zu der ich gehöre. Ich kann den Versuch machen, mich selbst zu übersteigen und von den Dingen zu reden, als ob ich nicht wäre. Das ist etwas sehr Gutes; eine Übung des Geistes, daß er fähig werde, von sich abzusehen. Trotzdem bleibt die Verbindung; denn immer bin doch ich es, der solcherweise über sich hinauszugelangen sucht – ganz abgesehen davon, daß ich mich selbst dabei dennoch mitnehme, und jeder, auch der einfachste Blick, den ich auf etwas richte, mich selbst mitenthält.

So bin ich der lebendige Gegenpol zur Welt. Es gibt sie für mich nur als jene, in der ich bin; die mir begegnet; in der ich handle. Eine Welt, in der ich nicht wäre, ist eine bloße Grenzvorstellung, die mich davor bewahrt, mich zu überheben; wirklich denken kann ich sie nicht... Doch der Sachverhalt ist noch schärfer: nachdem ich nun einmal bin, gibt es eine Welt, in der ich nicht wäre, überhaupt nicht. Jedem, der ein wenig begriffen hat, wie dumm die Selbstüberhebung ist, klingt das sonderbar; es ist aber so. Für Jeden ist »Welt« seine Welt, eine andere gibt es wirklich nicht. Mein Ich hat also den Charakter der Unausweichlichkeit – fast möchte man sagen, einer Art Notwendigkeit. Nur »fast«; und was dieses »Fast« bedeutet, davon werden wir gleich sprechen. Immerhin aber fast. Es ist das überall Vorausgesetzte. Das, was allem inne ist. Das Nächste; bis ins Innerste hinein Nahe – eben »ich«.

Nun aber müssen wir von jenem »Fast« sprechen, das uns soeben warnend dazwischen kam; denn es stellt uns die zuerst so sicher scheinende »Gegebenheit« des eigenen Selbst wieder in Frage – und wie weit er diese Frage spürt, ist eine Probe für die geistige Lebendigkeit des Menschen.

Ich bin mir nämlich nicht nur selbstverständlich, sondern auch merkwürdig, rätselhaft, ja unbekannt – so sehr, daß Dinge geschehen können wie diese: Ich schaue eines Tages in den Spiegel und frage mich befremdet – wie offenbarend ist das Wort »befremdet«, von Fremdheit berührt, von Fremdheit zurückgewiesen; aber bedenken wir doch: Fremdheit zwischen mir und meinem eigenen Bild! – ich frage mich also: Wer ist denn das? Der Spiegel ist ja ein merkwürdiges Ding. Die Märchen wissen darüber Geheimnisvolles zu sagen; und die Schüler der Märchen, die Dichter, haben von ihnen gelernt. Im Spiegel zeigt sich, wie ich, der ich doch so fest und ordentlich mit mir eins zu sein schien, auf einmal mir selbst gegenüberstehe, mir zum »Gegen-Stand« werde. Was heißt das dann: Ich bin Ich-Selbst[1]? Müßte ich nicht mit dem gleichen Recht sagen: Ich bin nicht ich, sondern hoffe, ich zu werden? Ich habe mich nicht, sondern

[1] In *Mörikes* Gedicht »Margareta« heißt es:

Könnt' ich, o Seele, wie du bist,
Dich in den reinsten Spiegel fassen,
Was all dir einzig eigen ist,
Als Fremdes dir begegnen lassen!
Ja fiele nur aus diesem Aug' ein Blick,
Wie er uns traf, ins eigne Herz zurück –

Von sel'gen Schauern angeweht,
Scheu nahtest du dem namenlosen Bilde,
Wie einem Rätsel, das um Lösung fleht,
Daß eins im andern sich auf ewig stillte;
Doch ach, kaum hast du halb dich selbst erkannt,
Verkennst du dich, und hast dich abgewandt!

Es bedürfte einer sehr eingehenden Analyse, um die Bedeutungsfülle dieser Verse herauszuheben. Siehe dazu Guardini, Gegenwart und Geheimnis. Eine Auslegung von fünf Gedichten Eduard Mörikes, 1957, S. 35f.

bin unterwegs zu mir? Ich kenne mich nicht, sondern suche mich zu erkennen?
In einem schönen Roman – einem von jenen, die zwar nicht dem Range nach die höchsten, aber in ihrem bescheideneren Wert vollkommen sind – nämlich in Kiplings »Kim«, wird von einem Jungen erzählt, der Kimball heißt. Er ist Waise; Sohn eines irischen Vaters und einer indischen Mutter. Den kommt es manchmal merkwürdig an. Dann setzt er sich still hin und sagt zu sich selbst: »Ich, Kim... Ich, Kim... Ich, Kim...« Dabei hat er das Gefühl, daß es immer tiefer hineingeht, auf ein Letztes, Unsagbares zu; und wenn es gelingt, dort anzukommen, dann ist alles gut. Im vorletzten Augenblick aber reißt es immer ab; er fährt auf, und alles war vergeblich. Und eines Tages steht ein alter Asket vor ihm, sieht ihm zu und sagt mit traurigem Gesicht: »Ich weiß, ich weiß... Es geht nicht!« Was ist das? Was hat der Junge gewollt? Wovon hat der alte, in inneren Übungen erfahrene Mann gewußt, daß es nicht gelingt? Mit seinem »Namen« sein »Selbst« einzuholen. Der Name ist das Offen-Werden im Wort; das gewußte Sein. Kim hat also gewollt, daß sein Sein und sein Wissen um sich selbst eins, und so er sich selbst-verständlich würde. Dann würde alles gut sein. Daß er das aber suchte, war ein Zeichen, daß er es nicht hatte – und daß es nie gelang, nie gelingen konnte, ein Ausdruck dafür, daß er hier an die Grenze seiner Möglichkeit stieß, nämlich an seine Endlichkeit.
Bei verschiedenen Völkern, vor allem im Norden, findet sich ein tiefsinniger Mythos, der vom »Folgegeist«. Danach gibt es den Menschen einmal so, wie er sichtbar leibt und lebt; außerdem aber noch einmal, und so ist er eigentlich. Dieser Eigentliche geht aber

immer hinter dem Unmittelbaren her; darum heißt er der Folgegeist. Der unmittelbare Mensch sieht den eigentlichen also nicht; er fühlt nur, daß er da ist; aber »hinter« ihm, das heißt, im Bereich des Nicht-Gegebenen. Einmal aber kommt er herum, tritt vor ihn hin und schaut ihn an. Dann sieht der Unmittelbare den Eigentlichen; und indem er ihn sieht, weiß er um sich. Man könnte, von der Geschichte im »Kim« her, sagen: sein Ich und sein Name werden eins. Aber das ist der Tod. Hieraus ist dann die Gestalt der Walküre entstanden: im Augenblick, da sie dem von ihr Gekürten entgegentritt, stirbt er.

Wir sehen, was darin zum Ausdruck kommt: das, was ich »Ich« nenne, ist mein Gegebenes. Aber es ist nichts Absolutes, sondern relativ und fragwürdig.

Manche Philosophen haben den Versuch gemacht, diese Tatsache aus der Welt zu schaffen. Denken wir etwa an die Identitätslehre des deutschen Idealismus, die behauptet hat, das endliche Selbst sei nur die verhüllende Form des unendlichen, nämlich des Ichs Gottes. Das klingt sehr tiefsinnig, ist es aber durchaus nicht. Einmal ist der Gedanke falsch; denn wenn ich in Redlichkeit mir selbst gegenübertrete, weiß ich genau, daß ich nicht absolut bin; daß jeder Pantheismus aus einem Rausch, einer Überhebung kommt. Der Gedanke ist aber auch oberflächlich; denn die eigentümliche, ebenso wunderbare wie bedrängende Tiefe unseres Daseins besteht ja gerade darin, daß ich als endliches Wesen Person bin.

Daß es ihm relativ leicht fällt, diese Unterscheidung festzuhalten, bildet eine Überlegenheit unseres abendländischen Geistes gegenüber dem zum Pantheismus neigenden asiatischen. In demselben Roman »Kim« wird ein anderes Begebnis erzählt. Da will ein

Asiate den Jungen prüfen, ob er für irgend eine gefährliche Aufgabe geeignet sei; so bringt er ihn in eine halbe Hypnose und zeigt auf einen dastehenden Krug: »Siehst Du den Krug? Daß er einen Sprung hat? Und aus dem Sprung das Wasser herausfließt? Siehst Du, wie sich um ihn her eine Lache bildet?« Und der Junge fängt schon an, den Sprung zu sehen, und das Wasser, wie es herausrinnt. Etwas in ihm widerspricht aber: »Es ist ja doch nicht wahr!« Und was tut er? Aus der Notwehr seines halb-europäischen Geistes heraus, der merkt, daß er in den Trug geführt werden soll, sagt er das Einmaleins auf, und vor seinem Blick ist der Krug wieder heil, und kein Wasser rinnt mehr. Der Mann aber sagt: »Du bist der erste, der mir widerstanden hat! Wissen möchte ich, wie Du das gemacht hast! Aber das wirst Du mir natürlich nicht verraten.« Er meint, der Junge verfüge über besondere magische Kräfte der Abwehr; er hat aber nichts anderes getan, als unterschieden. Aus der Entschiedenheit seiner geistigen Selbstbehauptung heraus hat er festgestellt, daß Zwei mal Zwei immer nur Vier, immer aber auch wirklich Vier ergibt; nicht Fünf, nicht Zehn, nicht Hundert und, vor allem, nicht Unendlich. Er hat sich aus dem Trug der Unendlichkeit herausgezogen, der schlechten, in welcher die Unterscheidungen zerfließen und Alles zu Allem werden kann, weil Keines wirklich es selbst ist. Er hat die Grenzen aufgerichtet und damit das eigentliche, in seiner Offenkundigkeit so unergründliche Geheimnis des Menschendaseins gewahrt.

So entsteht die Frage: In welcher Weise bin ich Ichselbst? Und nun bekommt der Satz: »ich bin für mich das Gegebene«, einen neuen Sinn.

Es hat zuerst bedeutet: Mein Ich-sein ist für mich das

Selbstverständliche; das Erste; der Kern von allem Übrigen. Alles bezieht sich auf dieses Ich. Was für mich »Welt« heißt, ist von ihm her gebaut und geht auf es zu... Nun aber bedeutet es auch: Ich bin Ich nicht von Wesen, sondern bin mir »gegeben«. Ich habe mich also empfangen.
Am Anfang meiner Existenz – den »Anfang« nicht nur zeitlich, sondern auch wesentlich; als ihre Wurzel und ihren Grund verstanden – steht nicht ein Entschluß von mir selbst, zu sein. Noch viel weniger bin ich einfachhin da, keines Werde-Entschlusses bedürfend. Das alles ist nur in Gott so. Sondern am Anfang meiner Existenz steht eine Initiative, ein Jemand, der mich mir gegeben hat.
Überhaupt gegeben – und als diesen Bestimmten. Nicht als Menschen einfachhin, sondern als diesen Menschen: diesem Volk zugehörig, dieser Zeit, von diesem Typus und diesen Anlagen. Bis zu jenen letzten Bestimmtheiten, die es überhaupt nur einmal gibt, nämlich in mir; jener letzten Eigenart, die macht, daß ich in allem, was ich tue, mich selbst wiedererkenne, und die sich in meinem Namen ausdrückt.

Damit ist aber zugleich eine Aufgabe gestellt. Eine sehr große; vielleicht kann man sagen, jene, welche allen einzelnen Aufgaben zu Grunde liegt.
Ich soll sein wollen, der ich bin; wirklich ich sein wollen, und nur ich. Ich soll mich in mein Selbst stellen, wie es ist, und die Aufgabe übernehmen, die mir dadurch in der Welt zugewiesen ist. Die Grundform alles dessen, was »Beruf« heißt; denn von hierher trete ich an die Dinge heran, und hierhinein nehme ich die Dinge auf.

Drücken wir es negativ aus: Ich darf diesem Zugewiesenen nicht ausweichen; etwa in die Phantasie, und mich in einen Anderen hineinträumen: ich bin der und der... tue das und das... vermag dieses und jenes... spiele solche und solche Rolle... Bis zu einem gewissen Punkt ist das alles ja unschuldig; man erholt sich darin vom Selber-Sein. Von da ab wird es aber zur Gefahr, sich selber wegzulaufen.
Auch vor dem Bösen in mir darf ich nicht weglaufen: schlimmen Anlagen, verdichteten Gewohnheiten, aufgehäufter Schuld. Ich muß sie annehmen und zu ihnen stehen: so bin ich... das habe ich getan... Nicht im Trotz; der ist nicht Annahme, sondern Verhärtung. Aber in Wahrheit, weil nur sie über das Böse hinausführt: ich bin so; aber ich will anders werden.
Die äußerste Form des Fortlaufens ist der Selbstmord. Es ist nicht müßig, von ihm zu sprechen, denn er wird immer mehr zu einer der großen Gefahren der Zeit. Die Treue nimmt ab; auch und gerade als Treue zum eigenen Sein. Das Gefühl, Ich-Sein sei Aufgabe, wird immer schwächer, weil das Bewußtsein schwindet, sich selbst gegeben zu sein. Und da die Arten, sich das Leben zu nehmen, immer einfacher werden, wird der Selbstmord immer leichter und banaler. Man hat es als ein Äußerstes an sachlicher Tapferkeit gerühmt, im gegebenen Augenblick ohne viel Aufhebens Schluß machen zu können – ist das aber wirklich Tapferkeit, nach außen hin Gefährliches zu wagen, ohne mit sich selbst dafür einzustehen? Hebt die Zyankalikapsel in der Tasche nicht in Wahrheit den echten Mut auf? Wirklicher Mut heißt wissen, daß man auf einen Platz gestellt ist – nicht vom betreffenden großen oder kleinen Befehlshaber, sondern vom

Herrn des Daseins, Gott – und daher nicht weggehen darf, bis Er selbst einen abruft. Das gibt allem Tun und Wagen erst seinen Ernst. Der andere Mut kommt aus dem Mangel an Selbstachtung: ich bin irgend Einer; verschwinde ich, sind Andere da. So wie bei wandernden Ameisen: tritt man eine tot, laufen hundert nach; tritt man alle tot, ist noch die Art da; geht die Art selbst zugrunde – nun, im Letzten ist nichts wirklich wichtig.

Die Aufgabe kann sehr schwer werden.

Es gibt die Auflehnung dagegen, man selber sein zu müssen: Warum soll ich es denn? Habe ich denn verlangt, zu sein?... Es gibt das Gefühl, es lohne nicht mehr, man selbst zu sein: Was habe ich denn davon? Ich bin mir langweilig. Ich bin mir zuwider. Ich halte es mit mir selbst nicht mehr aus... Es gibt das Gefühl, mit sich selbst betrogen; in sich eingesperrt zu sein: Nur so viel bin ich, und möchte doch mehr. Nur diese Begabung habe ich, und möchte doch größere, leuchtendere. Immer muß ich das Gleiche. Immer stoße ich an die nämlichen Grenzen. Immer begehe ich dieselben Fehler, erfahre dasselbe Versagen...

Aus alledem kann eine unendliche Monotonie kommen; ein furchtbarer Überdruß. Ganze Zeiten waren dadurch charakterisiert; und zwar solche von sehr hoher Kultur. Denken wir etwa an das französische 18. Jahrhundert, in welchem die Langeweile eine uns kaum noch verständliche Rolle spielte – so sehr, daß manche, umgeben von einer wunderbaren Verfeinerung der Form, des Verkehrs, der Kunst, des Lebensgenusses, wie *Pascal* gesagt hat, »vor Überdruß vertrockneten«.

So wird der Akt des Selbstseins in seiner Wurzel zu einer Askese: ich muß auf den Wunsch verzichten,

anders zu sein, als ich bin; gar ein Anderer als der, der ich bin. Wie drängend dieser Wunsch werden kann, mögen wir aus den Mythen und Märchen ersehen, die bei allen Völkern wiederkehren, und in denen ein Mensch in ein anderes Wesen verwandelt wird: auf die Höhe zu in ein Gestirn; nach der Tiefe hin in ein Tier, oder in ein Ungeheuer, oder in einen Stein... Ich muß darauf verzichten, Begabungen zu haben, die mir versagt sind; meine Grenzen erkennen und sie einhalten. Das bedeutet nicht den Verzicht auf das Streben, aufzusteigen. Das darf ich und soll es; aber auf der Linie des mir Zugewiesenen... Ich darf aber auch nicht dem Ressentiment verfallen; jener Haltung, die verrät, daß ich doch nicht wirklich angenommen, wirklich verzichtet habe, und darin besteht, das mir Versagte schlecht zu machen.
An der Wurzel von allem liegt der Akt, durch den ich mich selbst annehme. Ich soll damit einverstanden sein, der zu sein, der ich bin. Einverstanden, die Eigenschaften zu haben, die ich habe. Einverstanden, in den Grenzen zu stehen, die mir gezogen sind.

Das alles wird besonders schwer, wenn ich nicht nur die Grenzen, sondern die Unzulänglichkeiten und Fehler meines Seins erfahre: Schäden der Gesundheit; Störungen im psychischen Gefüge; Belastungen von Eltern und Vorfahren her; Bedrängnis durch die soziale und historische Situation und so fort. Warum ist das alles?
Von dort her kann scharf ins Bewußtsein treten, daß die Einweisung ins individuelle Dasein mit dem Verstande nicht durchdrungen werden kann. Ich vermag einzusehen, wie es bei mir zu diesem oder jenem Tatbestand gekommen ist: etwa war ich nicht vor-

sichtig, habe einen Unfall gehabt, und dadurch ist ein Schaden entstanden. Aber ist damit wirklich alles klar? Das ist es, sobald es sich um einen Anderen handelt. Die Gedankenreihen: Er war unvorsichtig, ist angefahren worden und hat nun einen Knochenbruch... oder: seine Eltern haben ihn so erzogen, und dadurch haben sich diese Fehler entwickelt... oder: bei seinen Vorfahren haben sich diese körperlichen oder geistigen Mängel gezeigt, und sie sind auf ihn übergegangen – diese Reihen genügen der Frage nach dem Warum. Wenn aber an die Stelle des Wortes »er« das Wort »ich« tritt – ist dann auch noch alles klar? Biologisch und psychologisch wohl; aber existentiell? Im lebendigen Verständnis meiner selbst? Verliert nicht in Wahrheit jede solche Erklärung, sobald sie sich auf mich bezieht, ihre letzte Überzeugungskraft? Ich habe den Unfall gehabt – warum mußte gerade ich ihn haben? Meine Eltern haben die und die Erziehungsfehler gemacht – warum mußten es gerade die meinen sein? Meine Vorfahren waren in dem und jenem Punkt belastet – warum gerade jene, von denen ich stamme?

Auf die Frage: Warum bin ich, wie ich bin? warum bin ich, statt nicht zu sein? – und wie sie in alle Höhen und Breiten und Tiefen meines Daseins fortgesetzt werden mag – gibt es von meinem unmittelbaren Sein her keine Antwort. Aber auch nicht aus meiner Umgebung; ja nicht einmal aus der Welt überhaupt.

Alle Versuche, mich aus Voraussetzungen in der Gemeinschaft, der Geschichte, der Natur zu erklären, sind Mißverständnisse. Denn worauf diese »Erklärungen« antworten, sind Fragen nach dem allgemeinen Zusammenhang der materiellen, biologischen, geschichtlichen Ursachen. Die Frage aber, um die es hier geht, ist eine ganz andere. Sie richtet sich auf etwas, das es nur einmal gibt: nämlich auf mich... Und nicht, weil ich etwas Wichtiges wäre, etwas Außergewöhnliches, sondern weil ich eben Ich-selbst bin, und damit jede Einordnung ins Allgemeine aufhört. Auf die Frage: Warum muß gerade ich es sein, auf den hin dieser und jener Einfluß wirksam werden? – gibt es keine Antwort.

Ich kann nicht erklären, wie ich ich-selbst bin; ich kann nicht verstehen, warum ich so oder so sein muß; ich kann meine Existenz nicht in irgendeine naturhafte oder geschichtliche Gesetzmäßigkeit auflösen, denn sie ist keine Notwendigkeit, sondern eine Tatsache. Zugleich aber die für mich entscheidende, die Tatsache einfachhin. Sie ist, wie sie ist, und könnte auch anders sein. Sie ist, und könnte auch nicht sein. Und doch bestimmt sie vom Innersten her mein ganzes Dasein.

Das alles heißt: ich kann mich selbst nicht erklären, noch mich beweisen, sondern muß mich annehmen. Und die Klarheit und Tapferkeit dieser Annahme bildet die Grundlage alles Existierens.

Diese Forderung kann ich auf bloß ethischem Wege nicht erfüllen. Ich kann es nur von etwas Höherem her – und damit sind wir beim Glauben.

Glauben heißt hier, daß ich meine Endlichkeit aus der höchsten Instanz, aus dem Willen Gottes heraus verstehe.

Gott ist wirklich und notwendig. Er ist in sich begründet, sinnvoll und bedarf keiner Erklärung. Die Erklärung für Gott ist Er selbst: Er ist so, weil Er so ist. Und Er ist überhaupt, weil Er Gott ist. Er ist der

absolut Selbst-Verständliche – wobei wir freilich hinzunehmen müssen, daß jenes »Selbst«, von dessen Verstehen hier gesprochen wird, das Seine ist.
Dieser Gott ist der Herr; und Er ist es von Wesen. Das bedeutet nicht nur, daß Er Herr über die Welt, sondern auch und zuerst Herr über sich selbst ist. Er ruht in seinem eigenen Herrentum. Das ist denn auch der Name, den Er sich gegeben hat. Am Anfang der heiligen Geschichte steht die Vision vom Horeb. »Da fragte Moses: ›Ich komme also zu den Söhnen Israels und sage ihnen: der Gott eurer Väter schickt mich zu euch. Wenn sie mich nun fragen: Was ist's um seinen Namen? – was soll ich ihnen da sagen?‹ Sprach Gott zu Moses: ›Ich bin der Ich-bin.‹ Und Er sprach: ›So sollst du zu den Söhnen Israels sprechen: Der *Ich-bin* hat mich zu euch gesandt.‹« (Ex 3,13–14) Was bedeutet aber der Name, den Gott sich da gibt? Einmal: Ich bin Der, der in Wirklichkeit und Macht hier ist, und beginne nun zu handeln... Er bedeutet weiter: Ich nehme keinen Namen von der Welt her an, sondern habe ihn in Mir selbst... Es heißt im Tiefsten: Mein Name ist die Weise, wie Ich Ich-selbst bin. Nur Ich bin so: in reiner Notwendigkeit und vollkommener Freiheit zugleich.
Dieser Gott ist es, der mich geschaffen hat. Bleiben wir in unserer Rede: Er ist Der, der mich mir gegeben hat. Damit ist das Fragen am Ende. Darüber hinaus zu fragen, etwa: warum hat Er mich mir gegeben, und als Diesen gegeben, und heute und hier? – hat keinen Sinn, denn es würde nur zeigen, daß ich nicht gewürdigt habe, was das heißt: »Gott«. Zu antworten: Er hat mich geschaffen, weil es so im Ganzen der Welt richtig ist; oder weil ich darin das und das leisten soll; oder weil es sinnvoll ist, daß personale Existenz sei,

besagt nicht mehr, sondern weniger, als zu antworten: weil Er es gewollt hat[2].

Die Fragen der Existenz: Warum bin ich der, der ich bin? warum geschieht mir, was mir geschieht? warum ist mir versagt, was mir versagt ist? warum bin ich so, wie ich bin? warum bin ich überhaupt, und nicht vielmehr nicht? – diese Fragen bekommen ihre Antwort nur in der Beziehung auf Gott.

Allerdings müssen wir sofort hinzufügen: sofern diese Beziehung nicht nur abstrakt gedacht, sondern lebendig erfahren wird, und in dem Maße, als das geschieht. Das aber kann geschehen. Denn eine solche Erfahrung ist wohl Gnade; aber es ist verheißen, daß sie – »die gute Gabe« einfachhin – denen gegeben wird, die im Ernst und der Geduld ihres Herzens darum bitten und sich betend und meditierend darum mühen.

Am Beginn der abendländischen Philosophie taucht immer wieder die Frage nach der »archē«, nach dem Anfang aller Dinge auf, und sie wird vielfältig und tiefsinnig beantwortet. Es gibt aber nur eine Antwort, die wirklich antwortet: die religiöse Innewerdung, daß mein Anfang in Gott liegt. Sagen wir richtiger: in dem auf mich gerichteten Willen Gottes, ich solle sein, und der sein, der ich bin. Frömmigkeit aber bedeutet, sich immer wieder aus diesem Willen Gottes entgegenzunehmen.

Das ist das A und O aller Weisheit. Die Absage an die Hybris. Die Treue zur Wirklichkeit. Die Sauberkeit und Entschiedenheit des Selberseins und damit die Wurzel des Charakters. Die Tapferkeit, welche sich

[2] Allerdings muß dafür der Gottesgedanke auch voll und klar sein. Siehe dazu den Exkurs am Ende.

dem Dasein stellt und ebendarin dieses Daseins froh wird. Es ist gut, sich dieser »Magna charta« des Existierens immer aufs neue zu vergewissern.

Hier ist wohl auch der Ort, etwas über jenes Moment zu sagen, von dem heute so viel, ernst und unernst, gesprochen wird, nämlich die Angst. Wir meinen nicht jene, zu der nur allzu begründeter Anlaß besteht, nämlich das Gefühl einer Bedrohung durch die politische Situation, oder durch die kulturelle und soziale Entwicklung selbst[3]. Vielmehr die Angst, welche keinen bestimmten Anlaß hat, sondern aus dem immer gegebenen Zustand des Daseins hervorgeht. Die Philosophie der letzten Jahrzehnte sieht in ihr das Selbsterlebnis des endlichen Seins als solchen, das sich durch das Nichts bedrängt fühlt. Sie sei vom Seinsbewußtsein unablösbar, ja mit ihm identisch; Sein heiße In-Angst-sein.

Es ist Zeit, daß hier widersprochen wird. Das Endlich-Seiende muß durchaus nicht in Angst, es könnte auch in Mut und Zuversicht existieren. Daß unsere Existenz den Charakter der Angst hat, bildet nicht das Erste, sondern das Zweite; denn die Endlichkeit, die sich hier ängstet, ist an ihrer Angst selber schuld. Sie ist die empörte Endlichkeit, die eben durch ihre Empörung in die Preisgegebenheit geraten ist. Die erste Endlichkeit, der Mensch in seinem Anfang, wußte sich geschaffen und ins Eigensein freigegeben durch Gott, welcher der Wahrhaftige und Gütige ist. Er wußte seine Freiheit im freien Willen Gottes begründet; daraus kam ihm Recht und Macht, ins eigene Dasein vorzugehen. Diese Endlichkeit wurde

[3] Vgl. dazu Guardini, »Die Macht«, Würzburg [6]1965 [Mainz-Paderborn [7]1986].

als Glück, als aller Erfüllung fähige Möglichkeit erlebt. In ihr war nicht Angst, sondern Mut und Vertrauen und Freude. Ihr Ausdruck war das Paradies.

Die Angst kam erst, als der Mensch sich dagegen empörte, endlich zu sein; nicht mehr Ebenbild, sondern Urbild, das heißt unendlich-absolut zu sein beanspruchte. Dabei blieb er zwar endlich, verlor aber den Zusammenhang mit seinem Ursprung. Nun verkehrte die Zuversicht sich in Hybris, und der Mut in Furcht. Die Endlichkeit, die vorher als Kostbarkeit erlebt wurde, kam nun als Fragwürdigkeit zu Bewußtsein; die unabmeßbare Weite des Möglichen wurde zur Ortlosigkeit. Bis schließlich die Gottesleugnung der Gegenwart um die eigene Endlichkeit herum die bedrohende Leere schuf, das bis zum Überdruß besprochene Nichts, das Gespenst des geleugneten Gottes. Der in diesem Verhältnis steht, hat allerdings Anlaß zur Angst; aber nicht deswegen, weil sie zum Wesen der Endlichkeit gehörte, sondern weil er, das Erbe der Urschuld vollstreckend, sich zu dem sinnlosen Dasein der bloßen Endlichkeit entschieden hat.

Wir kehren zurück: nur von der Annahme seiner selbst führt der Weg in die wirkliche Zukunft – für jeden in seine eigene. Denn als Mensch zu wachsen bedeutet nicht, aus sich hinauszuwollen. Sich sittlich zu verhalten bedeutet nicht, sich aufzugeben. Wir sollen an uns selbst Kritik üben, aber in Loyalität gegen das, was Gott in uns grundgelegt hat. Was aber die Reue betrifft, so darf sie nie zur Preisgabe dieses Selbst werden. Die Reue zu verstehen, ist wesentlich für jedes tiefere Verständnis des Menschen – ebenso wie sie zu üben wesentlich ist für jede Führung des eigenen Lebens, die zwischen den Abgründen der Hybris auf der einen und der Verzweiflung auf der anderen Seite hindurchführen soll. Die Reue ist eine der mächtigsten Ausdrucksformen unserer Freiheit. In ihr beurteilen wir uns selbst und treten wider uns auf die Seite des Guten. Die Reue kann nicht machen, daß das Geschehene nicht geschehen sei; das zu versuchen, wäre Lüge. Sie ruht vielmehr auf der Wahrheit, der Einsicht nämlich, daß ich das und das wirklich getan habe. Diese Wahrheit wird aber zum Ausgangspunkt eines neuen Verhaltens, und empfängt damit einen neuen Charakter. Definitiv ist unser Leben erst nach dem letzten Atemzug; bis dahin kann alles Geschehene, das Schlimmste wie das Beste, im Charakter geändert werden, indem wir neu zu ihm Stellung nehmen und daraus die uns möglichen Konsequenzen ziehen. Unser Leben ist dann das, wozu diese Stellungnahme es macht. Das alles bedeutet aber nicht, daß der Bereuende sein Selbst wegwerfe. Sobald er das tut, ist es nicht mehr Reue, sondern Verzweiflung[4].

Angesichts der Entehrung, die der Mensch sich heute denkend und handelnd antut, wollen wir den Sinnverhalt so ausdrücken: Wir sollen bereuen, was wir Böses getan und wozu wir uns dadurch gemacht haben – jedoch in Achtung vor dem, wozu vorher und grundlegenderweise Gott uns geschaffen hat. Die Achtung des Menschen vor sich selbst muß geradezu neu entdeckt werden. Sie wurzelt in der weithin vergessenen Wahrheit, daß Gott selbst uns achtet.

[4] Auf den tieferen Sinn der Reue; auf ihre Beziehung zu Gottes Macht des Anfangs, zur Gnade und zur Wiedergeburt, alles sich verdichtend im Mysterium der Erlösung, können wir hier nicht hingehen.

Der Mensch kommt nicht aus der Natur, sondern aus der Erkenntnis und der Liebe, das heißt aber, aus der Verantwortung des Lebendigen Gottes. Ein Mensch, der nur aus der Natur käme, könnte sich nicht achten – ebensowenig, wie ein Tier es kann. Und es ist wichtig, daß wir die Selbstachtung lernen, denn die Geschichte der Menschheit droht immer mehr auf die Entehrung des Menschen zuzugehen – ebenso, wie sie auf seine Vernichtung zuzugehen droht, und eines nur möglich wird durch das andere. Der moderne Krieg mit seinen Waffen wäre nicht möglich, wenn im Menschen nicht der Trieb zum Tode wirkte; und kein Totalismus würde gelingen, wenn etwas im Menschen nicht mit seiner eigenen Entehrung einverstanden wäre. Gott hat aber den Menschen nicht in der Weise erschaffen, wie er es mit den Himmelskörpern getan hat, nämlich als Objekt; sondern so, daß Er ihn zu seinem Du gesetzt und ihn angerufen hat. Ebendamit hat Er aber die Achtung für den Menschen zur Grundlage des Verhältnisses gemacht, in das Er ihn zu sich selbst gestellt hat. So darf auch das Gericht, das der Mensch über sich selbst hält, niemals die fundamentale Achtung aufheben, die er vor sich haben soll – deswegen, weil Gott sie hat[5].

Und weiter: wenn ich mir selbst gegeben bin, dann ist mir ebendarin auch meine Lebenschance gegeben; und wenn Der, der mich mir gegeben hat, der Weise und Gütige ist, ja sogar, wie Christus sagt, mein Vater – dann will Er doch, nach des gleichen Christus Wort,

[5] Die Situation, in welche der Totalismus den Menschen bringt, macht die Untersuchung der Ehre und die Ausarbeitung eines christlichen Ehren-Ethos zu einem dringenden Anliegen, auch und gerade im Verhältnis zum Bewußtsein von der Sünde und zur Forderung der Demut.

daß »ich lebe, und in Fülle lebe«. Diese Lebenserfüllung kann aber nur die meine sein; nicht die eines Anderen. So führt der Weg zu allem Guten aus meinem Wesensansatz heraus – und die Tapferkeit der Selbstannahme bedeutet zugleich das Vertrauen auf diesen Weg.

Ich-Sein heißt geradezu einen Weg haben, jenen, der aus dem Ich der Anfänglichkeit in das der Vollendung führt. Der kann weit umführen, durch Bedrängnisse und Dunkelheiten. Er kann scheinbar verwehen und verschüttet werden. Immer ist er aber da, sogar wenn er durch den Untergang führt. Man sagt dergleichen nicht gern. Es klingt pathetisch; und außerdem wendet das Gewissen ein, ob der Redende denn selbst damit Ernst mache. Aber schließlich muß er die Wahrheit doch sagen, auch wenn er selbst davor nicht bestehen kann. Der Tod ist nicht, was all das makabre Gerede in Philosophie und Dichtung und Kunst verkündet: der Weg geht durch ihn hindurch.

Ist das aber richtig, wenn man es im Lichte der christlichen Botschaft betrachtet? Diese spricht doch vom Ur-Abfall des Menschen; daß er unfähig sei, aus sich das Heil zu finden; daß alles, was zum Heil führt, Erlösung, Vergebung, Heiligung, nur aus Gnade komme – wird dadurch das, was wir gesagt haben, nicht aufgehoben?

Alles, was zum Heil führt, ist Gnade; das ist richtig. Wir dürfen uns aber dadurch nicht die Begriffe verwirren lassen. Es gibt eine Art, von der Gnadenhaftigkeit des neuen Lebens zu sprechen, die verhängnisvoll ist, weil sie die Person des Menschen auslöscht, so daß er wie ein willenloses Ding in das Erlöstsein hineingehoben wird. Oder sie reißt ihn auseinander, und dann ist da ein Mensch, der natürliche, böse; und neben ihm ein anderer, der von der Gnade Gottes gerufene und geheiligte; und zwischen ihnen geht es nicht hinüber noch herüber. So ist es aber nicht. Der erlösende Gott ist der gleiche wie der schaffende; und der Mensch, dem Er seine Gnade zuwendet, der gleiche wie jener, der von Ihm geschaffen worden. Wohl ist es Gnade, die Botschaft hören, an sie glauben, sich Gott anvertrauen und das neue Leben empfangen zu dürfen; dem sie aber geschieht, ist der Mensch in seiner personalen Selbigkeit; mit seinem Bestand an Eigenschaften und Kräften, seinen Möglichkeiten und Grenzen. Das neue Leben geht aus einem neuen Beginn hervor; der aber in diesen Beginn hineingeboren wird, ist eben Jener, der vorher war. Das Alte und das Neue, der gefallene und der erlöste Mensch sind ein und das gleiche Wesen. Das neue Leben hat wohl den Charakter, den Paulus das »Gebildet-sein nach dem Bilde Christi« nennt; aber der solchermaßen gebildet wird, ist der nämliche Mensch, der vorher in der Wirrnis gestanden hat. Aus Seiner Liebe heraus gibt ihn Gott ihm neu; aber zwischen der zweiten Gabe und der ersten besteht jene Selbigkeit, welche mit dem Wort »Erlöstsein« gemeint ist.

Wie soll man aber diese Dinge verstehen?
Es gibt verschiedene Arten des Verstehens, und sie haben verschiedene Bedingungen. So gibt es das einfache Einsehen des Verstandes. Wenn es sich etwa um ein Problem der Mathematik oder der exakten Wissenschaft handelt, dann prüfe ich, was vorausgesetzt ist, was daraus folgt, und komme zum Ergebnis: »So ist es.« Hier hängt das Verstehen davon ab, daß ich die Sache richtig anfasse, klar denke und nicht eher

aufhöre, als bis ich die Zusammenhänge durchdrungen habe.

Eine andere Art des Verstehens richtet sich auf Gestalt und Wesen eines Seienden. Was ist das, ein Baum? Dieses Ding da, das unten in die Erde geht und oben in den Raum hinausgreift; das still dasteht und doch lebt, so mächtig und so geheimnisvoll ist? Vielleicht rätsele ich lange an ihm herum; einmal aber öffnet es sich, und ich verstehe »den Baum«. Was ich da verstehe, kommt aus dem Betroffenwerden durch die Wesenheit des Dinges, aus dem Einleuchten seines Sinnes und macht, daß die empirisch feststellbaren und rational begreifbaren Tatsachen ihre richtige Bewertung erhalten.

Eine dritte Form bezieht sich auf einen Menschen, sei es der Geschichte, sei es meiner Umgebung. Er ist mir vielleicht nie besonders zu Bewußtsein gekommen; oder ich habe ihn nicht verstanden. Dann aber hat sich Begegnung zugetragen, und ich habe ihn in den Blick bekommen. Eine Sympathie war da, ein Aug' in Auge, und darin hat sich das Wissen geöffnet: »So bist Du also! Dieser bist Du!« Wie ist das aber mit dem eigenen Ich?

Man sollte denken, hier müßte es am leichtesten gehen, denn mit ihm haben wir es ja beständig zu tun. Wir brauchen nicht irgendwohin zu reisen, denn es ist immer da. Wir brauchen es nicht aus einem Versteck herauszuholen, denn es steht dem inneren Blick vor Augen. Wir brauchen nicht einmal hinüberzublicken, denn wir sind es.

Vielleicht besteht aber gerade darin das größte Hindernis. Es ist ja doch so, daß uns die Menschen, mit denen wir täglich umgehen, weniger auffallen als irgend Einer, den wir plötzlich treffen. Die tägliche

Nähe ist eine Hülle, welche das Eigentümliche verbirgt. Wenn es sich aber nicht nur um ein Zusammensein handelt, sondern ich der Betreffende selbst bin? Dann ist das eine größere Ferne, als wenn ich lange Wege zurücklegen müßte.

Es gibt ein Buch des Philosophen Keyserling, in welchem er erzählt, wie er um die Welt gereist ist, um sich selber kennenzulernen. Hat man freilich das Buch gelesen, so fragt man sich, ob es ihm gelungen sei. Besser gelungen, als dem armen Kim, der sich an eine Wand gesetzt und in sich hineingesprochen hat: »ich – Kim«, und gedacht, er werde sich selber einholen, aber am Schluß war doch alles umsonst...

Doch gibt es noch eine andere Schilderung, eine hochberühmte, wie einer das Nächste, nämlich sich selbst einzuholen sucht auf dem weitesten Wege: *Dantes* »Göttliche Komödie«. Darin geht die Fahrt von der Erde weg durch die Hölle und alle ihre Tiefen; durch den Reinigungsort über alle seine Stufen; durch die Sphären der Himmel hinauf bis in die letzte Entrücktheit Gottes. Am Schluß aber liest man, wie dem Wanderer das Geheimnis Christi geoffenbart wird, durch den unser Menschenwesen in die Existenz des Sohnes Gottes aufgenommen ist. Da versteht er nicht nur, was über alles Irdische hinausliegt, sondern auch sich selbst. Nachdem er erkannt hat, wer Christus, weiß er auch, wer *Dante* ist, und nun ist wirklich alles gut.

Das ist sehr tief, aber auch, wenn man es richtig bedenkt, wahrhaft selbstverständlich.

Wer ich bin, verstehe ich nur in dem, was über mir ist. Nein: in Dem, der mich mir gegeben hat. Der Mensch kann sich aus sich selbst heraus nicht verstehen. Die Fragen, in denen das Wort »warum« vorkommt und das Wort »ich«: warum bin ich so, wie ich bin? warum kann ich nur haben, was ich habe, warum bin ich überhaupt, statt nicht zu sein? – sind vom Menschen her nicht zu beantworten. Die Antwort auf sie gibt nur Gott.

Und hier kommt uns wohl nahe, was der Heilige Geist bedeutet, von dem gesagt ist, daß Er »der Geist der Wahrheit« sei, der »einführt in alle Wahrheit«; und weiter, daß Er der Geist der Liebe sei. Er kann mich jene Wahrheit verstehen lehren, die mich niemand lehren kann, nämlich meine eigene.

Aber wie? Nicht durch Wissenschaft, noch durch Philosophie, sondern durch Innewerdung. Er ist ja die Innerlichkeit Gottes. Im Heiligen Geist ist Gott Vater. Im Heiligen Geist ist Er Sohn. Vielleicht darf man sogar sagen: im Heiligen Geist ist Gott Gott. In Ihm ist Er sich selbst inne, mit sich selbst einig, seiner selbst froh.

Dieser Geist kann auch wirken, daß ich meiner inne werde. Er kann machen, daß ich die haarschmale und doch so tief trennende Ferne durchmesse, die zwischen mir und mir-selbst liegt. Er kann wirken, daß ich in den Frieden mit mir gelange. Denn in mir ist ja kein Friede. Alle jene Fragen, die das »Warum« enthalten und das »Ich«, sind ja Ausdruck einer tiefen inneren Entzweiung. Ich bin mit mir selbst uneins; deshalb weiß ich nicht um mich. Die ersten Menschen haben in der Stunde der Prüfung sich selbst nicht angenommen, sondern sein wollen, was sie ewig nicht sein konnten. Sie haben nicht Ebenbild sein wollen, sondern Urbild; nicht von Gott geschaffen und gegeben, sondern selbst Gott. Die Wirkung aber war, daß sie uneins wurden mit ihrem Wesen und dadurch das Wissen um sich selbst verloren. Ihr Sein vergaß seinen

Namen. Von da ab waren Name und Sein auf der Suche nach einander und fanden sich nicht mehr. Im Heiligen Geist hat Christus die Erlösung vollbracht, die Versöhnung, den Frieden; mit Gott, und in Gott mit dem eigenen Selbst. Der Heilige Geist vollzieht die Erlösung im Glaubenden. Da wirkt Er, daß dieser im Willen Gottes sich annimmt, von Grund auf, und so sich selbst deutlich wird. Diese beiden Dinge gehören zusammen, ja sie sind das Gleiche. Wirklich um sich wissen kann man nur, wenn man sich wirklich annimmt – und wirklich sich annehmen kann man nur, wenn man rein um sich weiß. Eines setzt das andere voraus.

Diese Einheit ist Liebe. Wissen ist nur, wo Liebe ist. Vom Menschen gibt es kein kaltes Wissen. Kein Wissen in Gewalt. Nur in jener Großmut und Freiheit, die Liebe heißt. Die Liebe beginnt aber in Gott: darin, daß Er mich liebt, und ich fähig werde, Ihn zu lieben; und Ihm dankbar bin für seine erste Gabe an mich, die heißt: ich-selbst.

Exkurs

Mit dem auf Seite 21 Gesagten rühren wir an einen tiefen und verhängnisvollen Mangel unserer religiösen Bildung – das Wort in seinem weitesten Sinne, als Inhaltsfülle und Geformtheit der Erfahrung, der Erkenntnis, des Herzens, der Sprache genommen. Und zwar besteht er in der Dürftigkeit unserer Gottesvorstellung.

Sobald man jemanden fragt: Was fällt dir ein, wenn du an Gott denkst? welchen Inhalt hat das Wort »Gott«, wenn du es im Gebet oder im ernsten Gespräch brauchst? –, dann wird er in der Regel mit einigen »Eigenschaften« Gottes antworten. Er wird sagen, Gott sei allmächtig, allwissend, allgegenwärtig, ewig; vielleicht auch, Er sei heilig; wenn es hoch kommt, Er sei liebend und nahe. Damit wird es aber sein Bewenden haben. In Wahrheit müßte der Inhalt des Gottesgedankens unerschöpflich sein, und das wäre auch möglich, wenn die christliche Bildung täte, was sie tun soll. Es gibt zwei Leitfäden für die Aufschließung dessen, was das Wort »Gott« meint.

Der eine ist die Heilige Schrift. Dabei käme es aber nicht darauf an, aus ihr Sätze herauszuholen, die etwas über Gott aussagen; etwa, Er sei gerecht und ahnde die Sünde; Er sei gut und erbarme sich über die menschliche Not und dergleichen. Es ginge vielmehr darum, die konkreten Geschehnisse der biblischen Berichte auf Ihn hin zu befragen. Zum Beispiel: Als Saul zum König gewählt wurde, ist es damit so und so gegangen; er hat sich so und so verhalten; darauf hat Gott so und so geurteilt. Und nun: Gott ist Jener, der so handelt. Daraus die Frage: wer ist, und wie ist Er

dann?... Oder das ungeheure Schicksal des Propheten Elias, wie es in den Büchern der Könige erzählt wird, bis zu der Vision auf dem Horeb. Und nun: Gott ist Jener, der sich in dieser Weise bezeugt. Daraus die Frage: wer ist Er dann? wie ist dann dieser Gott?
Durch eine solche Interpretation würde aus jedem biblischen Geschehnis ein Licht auf das fallen, was Gott ist. Das Ergebnis würde natürlich die typischen Begriffe der Gotteslehre enthalten. Es würde aber bei ihnen nicht stehenbleiben, sondern ins Konkrete gehen. Denn Gott ist ja doch konkret und offenbart sich im Konkreten. »Offenbarung« ist keine abstrakte Lehre, sondern ein lebendiges Geschehen und ein Kundtun durch dieses Geschehen. An jeder Stelle in ihm kann man also sagen: Gott ist Jener, der so tut, oder so gesinnt ist, wie Er sich da zeigt.

Daraus käme einmal eine Bereicherung der Aussagen über Gott; eine Differenzierung und Entfaltung der altvertrauten Begriffe. Dann aber würde sich das innere »Wissen um Gott« entwickeln; das Wissen um das, was Er ist, der Einmalige, Nie-Wiederholbare, in keine Definition Einzufangende. Darüber vermöchte man mit Begriffen nicht viel zu sagen; allenfalls mit deutendem Bild oder aufschließender Erzählung. Es wäre aber voll Leben; ein inneres Kennen, wie es ein Mensch im Umgang mit seinem Freunde gewinnt, wenn er sieht, was dieser tut, wie er sich verhält, wie er ist.

Ein zweiter Leitfaden wäre das persönliche Leben jedes Einzelnen. Wie arm unsere religiöse Bildung ist, kann uns erschreckend deutlich werden, wenn wir bedenken, wie wenig wir geübt sind, Gott aus unserem eigenen Leben, beziehungsweise dieses Leben aus Seiner Führung heraus zu verstehen. Christliche

Existenz müßte doch bedeuten, daß wir nicht bloß von theoretischer Überzeugung, sondern vom lebendigen Bewußtsein getragen wären, Er führe unser Leben. Dann würde aber jedes Geschehen eine Selbstbekundung Gottes und ebendamit eine Erkenntnis unserer selbst enthalten. Von hier aus könnten wir sagen: Ich bin so und so geboren; mein Leben geht so und so. Und nun: also ist Gott so, wie Er sein muß, wenn so etwas wie ich und dieses mein Dasein möglich sein sollen. Daraus die Frage: wer und wie ist Er dann?... Diese Frage erfordert natürlich große Behutsamkeit, wache Ehrlichkeit, aufrichtige Demut und die Gesinnung echter Reue. Denn ich muß mir jenes Faktors bewußt bleiben, der beständig verwirrend hineinwirkt und Gottes Vorsehung verdeckt, nämlich meines Bösen. Dennoch ist die Frage richtig und gefordert, denn in ihr vollzieht sich ja das Verständnis Gottes aus dem Selbstverständnis des Menschen und umgekehrt.

Den Menschen erkennt nur, wer von Gott weiß

Der Mensch im Licht der Offenbarung

Ich habe den Auftrag übernommen, etwas über das Bild des Menschen zu sagen, wie es uns aus der Offenbarung entgegentritt.
An den Anfang dieser Überlegungen möchte ich eine Frage stellen, die Sie vielleicht überrascht, sich mir aber immer wieder aufdrängt: ob es nämlich überhaupt ein »Bild« des Menschen gebe, wenn man darunter nicht nur die Vorstellung einer geschichtlichen Epoche, oder einer gesellschaftlichen Gruppe, oder eines bestimmten Berufes versteht, sondern die vom Menschen selbst und an sich.

Es scheint, daß es ein solches Bild nicht gibt, denn die entscheidende Bestimmung des Menschen – wir werden darüber noch genauer zu reden haben – ist die, daß er »Ebenbild Gottes« ist. Von Gott aber gibt es kein »Bild«.
Man spricht zwar immer wieder vom »Gottesbild«, und sagt damit sicher Richtiges; das gilt aber doch nur, wenn damit besondere Umstände gemeint sind, unter denen Er deutlich oder gedacht wird. Etwa wenn wir von der Vorstellung sprechen, die das frühe Christentum sich von Gott machte, im Unterschied zu der des hohen Mittelalters, und wieder jener des achtzehnten Jahrhunderts. Von Gott selbst aber gibt es kein Bild, denn Er übersteigt jede Möglichkeit eines solchen. Und es wäre wohl gut, das erste Gebot, welches verbietet, sich von Ihm »ein geschnitztes Bild« zu machen, auch hierfür zu bedenken. Denn nicht nur ein Bild der Kunst, sondern auch eines der

Gedanken kann Seine souveräne Größe einschränken, oder gar sie irgend einer intellektuellen oder künstlerischen oder politischen Absicht dienstbar machen.
Wenn wir nun hören, der Mensch sei »Ebenbild Gottes«, so legt sich der Gedanke nahe, damit sei auch ein Abglanz von der Übersteigungsmacht gemeint, die Gott gegenüber Bildern und Begriffen eignet. Innerhalb der Grenzen, die ihm die Endlichkeit zieht, ist auch der Mensch universell. So ist der Begriff des Menschenbildes nur bis zu einer gar nicht sehr weit gezogenen Grenze richtig.
Doch wollen wir ihn gelten lassen und als Mittel für die Beantwortung der Frage gebrauchen, wie die Offenbarung den Menschen sieht.

Um gleich in die ganze Spannung der Frage hineinzukommen, wollen wir einige charakteristische Bilder betrachten, welche die Neuzeit sich vom Menschen gemacht hat.
Da ist das Menschenbild des Materialismus, das im Anlauf zur Französischen Revolution entsteht, im neunzehnten Jahrhundert entwickelt wird und heute das totalitäre Denken bestimmt:
Was es gibt, ist danach nur die Materie, beziehungsweise die Energie. Sie war von je. Auf Grund ihrer Wesensgesetze ist sie in Bewegung gekommen, und aus dem toten Stoff hat sich das organische Leben gebildet; aus dem organischen das psychische; aus diesem das geistige. Wenn es möglich wäre, zum Letzten durchzudringen, dann würde man alles aus den Eigenschaften der Materie ableiten können, so, wie der Chemiker eine Verbindung aus ihren Elementen und den Bedingungen des Versuchs ableitet. Für

den Materialismus ist der Mensch nichts als hochkomplizierter Stoff.
Diesem Bild steht ein anderes gegenüber, das idealistische, wie es von den großen Systemen des ausgehenden achtzehnten und des neunzehnten Jahrhunderts entwickelt worden ist.
Danach ist das Erste und Eigentliche der Geist, und zwar der absolute, der Weltgeist. Er ist zuerst gebunden und stumm, will aber seiner selbst mächtig werden, und erzeugt so die Materie. In Auseinandersetzung mit ihr gestaltet er die Welt, um endlich im Menschen zum Bewußtsein seiner selbst zu gelangen. Daß der ewige Geist in ihm durchdringt, bildet das Wesen des Menschen. Darin findet er seinen Sinn.
Aus der Erkenntnis der gesellschaftlichen Zusammenhänge ist das soziologistische Bild hervorgegangen, zu Ende gedacht vom Kommunismus. Es sagt: Der Einzelne für sich ist nichts; er ist etwas nur aus dem Ganzen heraus. Ein Gedanke, eine Erfindung, ein Werk – was immer es an Beziehungen und Leistungen geben mag, gewinnt seinen Sinn erst dann, wenn man es aus dem sozialen Gefüge heraus versteht. Wirklich seiend ist die Gesellschaft; der einzelne Mensch sowohl wie sein Werk gehen aus ihr hervor. So ist der Mensch Erzeugnis und Organ des Soziallebens, sonst nichts.
Dieser Anschauung stellt sich die des Individualismus entgegen:
Wirklich Mensch ist danach nur der Einzelne; in der Vielzahl verschwindet das Eigentliche. Nur als Einzelner hat der Mensch Bewußtsein und Schaffenskraft; nur als solcher hat er Verantwortung und Würde. Sobald Viele sind, entsteht die Masse, die nur

Objekt sein kann; Stoff für das Planen und Handeln des Einzelnen.
Der Determinismus sieht alles nach unabänderlichem Zwang geschehen:
An jeder Stelle gehen die Dinge, wie sie gehen müssen. In jedem einzelnen Vorgang drückt sich der gesamte Weltlauf aus. Freiheit ist Illusion. Sie ist nur eine besondere Art, wie die allbeherrschenden Weltgesetze im Menschen zur Geltung kommen. So ist auch der Mensch selbst ein Gebilde, das aus Notwendigkeiten entsteht; und sein Leben ist ein Vorgang, der sich im Zwang der Weltgesetze vollzieht.
Der Existentialismus hingegen sieht den Menschen vollkommen frei:
Nach ihm gibt es keine Ordnungen, die das Leben des Menschen bestimmen; ebendamit aber auch keine, auf die er sich stützen kann. Ohne Zwang, aber auch ohne Halt, als ein Atom Möglichkeit, ist er ins Leere hinausgeworfen. In jedem Augenblick entscheidet er aus einer souveränen, richtiger gesagt, unheimlichen Freiheit über sein Tun. Er setzt sich selbst seinen Sinn. Ja, er bestimmt sein eigenes Sein. Im Maße er es damit wagt, wird er Mensch.

Wir haben da, aufs äußerste vereinfacht, sechs Bilder gezeichnet. Das eine sagt: Der Mensch ist bis in seinen Kern hinein Materie – das andere: er ist eine Gestalt des absoluten Geistes. Wieder sagt eines: Der Mensch ist nichts als ein Moment in der sozialen Ganzheit – das andere: er ist nur Mensch, sofern er als Persönlichkeit in sich selbst steht... Und noch einmal: Der Mensch geht restlos in der Notwendigkeit der Weltgesetze auf – das andere: er ist absolut frei und Herr seiner selbst...

Die gezeichneten Bilder stellen aber nur einen Teil derer dar, die in der Geschichte des menschlichen Selbstverständnisses aufgetaucht sind; es gibt ihrer noch andere. Doch reichen die sechs wohl hin, um die Frage zu stellen, die sich angesichts jener Geschichte in uns erhebt: Von diesen Bildern widerspricht ja immer eines dem anderen – wie kann das sein? Der Mensch ist doch nichts, was in unerreichbarer Ferne des Weltraums oder der Weltzeit stünde. Er ist doch da, ohne weiteres anzutreffen. Er ist sogar das einfachhin Nahe, nämlich wir selbst! Wie kann da in der Aussage über ihn eine solche Ungeheuerlichkeit von Widersprüchen entstehen? Und nicht bei Unwissenden und Ungebildeten, sondern bei den stärksten Geistern; nicht bei hilflosen Grüblern, sondern bei solchen, die ihre Einsichten austauschen und sich wechselseitig zur Wahrheit helfen können?
Wenn es möglich ist, das, was jeder von uns aus nächster Erfahrung kennt, weil er es selber ist; weil es sein Vater ist, seine Mutter, Gatte, Kind, Freund, Arbeitsgenosse – wenn es möglich ist, das in solcher Weise zu beurteilen, dann muß es damit eine einzigartige Bewandtnis haben.

Der Biologe *Alexis Carrel* hat ein Buch geschrieben: »Der Mensch, das unbekannte Wesen«. Der Titel klingt ein wenig nach Sensation; er spricht aber etwas aus, was man vielleicht schon selbst einmal gedacht hat. Es scheint wirklich so zu sein, daß wir nicht wissen, wer der Mensch ist – was aber bedeuten würde, daß wir nicht wissen, wer wir selbst sind!
Wie ist das möglich? Der Grund kann nicht bloß in der Schwierigkeit der Probleme liegen. Die sind zwar schwer genug, und man hat manchmal den Eindruck,

als ob mit ihnen an kein Ende zu kommen sei. Das allein aber würde nur ein unermüdliches Forschen verursachen; ein schrittweises Vorwärtsdringen – denken wir etwa an den Weg, den die Physik in der Erforschung der Materie zurückgelegt hat. Da war zuerst die alte Elementenlehre; dann entdeckte man die Atome als qualitäts- und strukturlose Stoffpunkte; von da kam man zum modernen Begriff vom Atom, das eine ganze Welt von Beziehungen und Vorgängen darstellt, und wer weiß, was man noch finden wird. Da ist wohl ein Versuchen und Wieder-Verwerfen; eine Mannigfaltigkeit der Hypothesen und Theorien – aber durch alles läuft eine einheitliche Linie hindurch. Vor nicht langem erst hat einer unserer Physiker, C. Fr. v. Weizsäcker, betont, es sei falsch, zu sagen, die neueste Atomphysik werfe die Ergebnisse der vorausgehenden klassischen um; sie ordne sie vielmehr in umfassendere Zusammenhänge ein. Betrachten wir aber von hier aus die Antworten auf die Frage nach dem Wesen des Menschen, so sehen wir in ihnen ein ganz anderes Bild: nicht die Überwindung einer jeweils unzulänglichen Theorie durch eine bessere, sondern unaufhebbare Widersprüche; keine Linie, aus der verschiedene Stufen der Forschung hervorträten, sondern heillose Verwirrung.

Mehr noch: was sich hier gegenübersteht, sind nicht nur verschiedene Ansichten, sondern ganz verschiedene Gesinnungen. Die theoretische Auseinandersetzung ist in Wahrheit ein Kampf – und wir sehen, wie dieser Kampf geführt wird: auf Leben und Tod, und in Fronten, die durch die ganze Welt laufen. Das sollte uns die Augen öffnen.

Ob es vielleicht so steht, daß die rechte Erkenntnis

des Menschen von besonderen Bedingungen abhängt? Es ist doch überall so, daß die Erkenntnis eines Gegenstandes ihre Bedingungen hat. Denken wir etwa an Selbstverständlichkeiten wie die, daß ich kein Ding sehen kann, wenn das Licht fehlt... oder daß etwas mir vor Augen liegt, und ich es nicht bemerke, weil meine Aufmerksamkeit sich nicht darauf richtet... ja daß ich sogar nach ihm suche, es aber nicht finde, weil irgendein Motiv in meinem Unbewußten will, es solle nicht da sein – mit einem Wort: an alles das, was wir die konkreten Voraussetzungen des Erkennens nennen... Könnte es also nicht sein, daß die Erkenntnis des Menschen nur gelingt, wenn bestimmte Bedingungen erfüllt sind?

Wenn es aber so ist – welcher Art sind dann diese Bedingungen?

Das neuzeitliche Denken versteht den Menschen als ein Wesen, das sich aus der eigenen Natur heraus entwickelt, mit der Welt in Beziehung tritt, darin sein Werk schafft – und dann, vielleicht, hinter dem Unmittelbar-Welthaften noch einen metaphysischen Hintergrund annimmt. Letzteres muß aber nicht sein. Ob es geschieht, und in welcher Weise, ist eine subjektive Angelegenheit; Sache von Erlebnis und Bedürfnis. Und geschieht es, dann beeinflußt es wohl Haltung und Leben des Betreffenden; aber nicht anders als z. B. die Art, wie er irgend ein Schicksal meistert, oder die Liebe zu einem Menschen gestaltet. Sein Wesen als solches bleibt davon unberührt.

Ob das wahr ist? Ob die Beziehung zu Gott nicht vielmehr einen einzigartigen Charakter hat, anders als jede mögliche Beziehung sonst? Ob vielleicht ihr richtiger Vollzug eben jene Vorbedingung bildet, nach der wir fragen, und von der es abhängt, wie weit der Mensch sich selbst versteht – deshalb, weil sie in das Wesen des Menschen hineingehört? Ob nicht hier der Grund für die befremdende Tatsache zu suchen ist, daß der neuzeitliche Mensch mit einem ungeheuren Aufgebot von Methode und Apparat, von Entdeckung, Experiment und Theorie die Frage stellt, was das vor Augen Befindliche, nämlich er selber sei, und als Ergebnis ein Wirrsal von Widersprüchen herauskommt?

Im ersten Buch der Heiligen Schrift, der Genesis, heißt es:
»Und Gott sprach: Lasset uns Menschen machen nach unserem Bilde, uns ähnlich; sie sollen herrschen über des Meeres Fische, über des Himmels Vögel, über das Vieh und alles Wild des Feldes, und über alles Kriechende, das auf der Erde sich regt. Und Gott schuf den Menschen nach Seinem Bilde. Nach dem Bilde Gottes schuf Er ihn. Als Mann und als Weib schuf Er sie.« (1,26–27)
Nach diesen Worten ist der Mensch Ebenbild Gottes. Das wird vor allem gesagt, was irgend sonst noch vom Menschen gesagt ist. Es bildet die Grundbestimmung der Schriftlehre vom Menschen und ist in jeder Aussage enthalten, die irgendwo vom Menschen gemacht wird.
Was bedeutet das? Kann ein endliches Wesen Gott ähnlich sein?
Offenbar handelt es sich hier um etwas Geheimnisvolles; denn eben an dieser Stelle setzt später die Versuchung ein. Und sie erreicht, daß beim Menschen der Wille, Gottes Ebenbild zu sein, in den verkehrt wird, Ihm gleich zu werden. Was meint also diese Ebenbildlichkeit?

Ein Ding kann die Nachbildung eines anderen sein. Etwa sagt jemand einem Handwerker, er solle ihm einen Tisch machen, geradeso gestaltet wie jener, den er ihm zeigt. Das wäre eine einfache Ähnlichkeit, eine Kopie. Es gibt aber auch lebendigere Weisen. So kann man zum Beispiel sagen, ein Kind sei das Abbild seiner Eltern. Dann hat es Eigenschaften, die auch die Eltern haben; bei ihm sind sie aber in seine Persönlichkeit hinein übersetzt... Wie ist es nun mit der Ähnlichkeit zu Gott?
Gott ist doch absolut; Sein einfachhin; Wesen, Leben, Wahrheit, Seligkeit. Er ist in einer Weise, die alles Denken und Sagen übersteigt. Wie kann da der Mensch, der doch geschaffen und also endlich ist, Bild dieses Ungeheuren sein?
Und doch ist es so, denn Gott sagt es. Er sagt sogar, daß in dieser Ebenbildlichkeit das Wesen des Menschen liege.
Von einer Nachbildung kann hier nicht gesprochen werden, denn von Gott gibt es keine Kopie. Näher kommen wir schon, wenn wir von dem ausgehen, was wir über das Verhältnis der Eltern zum Kinde gesehen haben. Da ist nicht Kopie, sondern Übersetzung. Die elterlichen Wesenszüge übersetzen sich in das Wesen des Kindes; so, daß sie diesem zu eigen, aus dessen Persönlichkeit neu geboren werden.
Weiter aber kommen wir vielleicht durch folgende Überlegung: Wenn wir das Antlitz eines Menschen anschauen, dann sehen wir darin, was in seiner Seele vor sich geht: den Respekt, die Zuneigung, den Haß, die Angst. Für sich kann man die Seele nicht sehen, denn sie ist ja Geist. Sie übersetzt sich aber in den Leib, und darin wird sie sichtbar. Der Menschenleib – Gestalt, Antlitz, Miene, Gebärde – ist die Erschei-

nung der Seelenwirklichkeit; das heißt aber, daß er, in all seiner Verschiedenheit von ihr, doch der Seele ähnlich ist.

Auf dieser Linie könnten wir noch weitergehen; wir sind aber wohl dem, was wir hier meinen, nahe genug. Dem Unbegreiflichen, das doch unser Wesen ausmacht; dem wir mit Scheu, aber auch mit Zuversicht nahen sollen: daß Gott, wenn es erlaubt ist, so zu sprechen, die unendliche Fülle und vollkommene Einfachheit seines Wesensbildes in die Endlichkeit und Gebrechlichkeit seines Geschöpfes übersetzt.

Ist das so, dann bedeutet das aber auch, daß diese Ebenbildlichkeit das ganze Sein des Menschen durchdringt. Daß sie etwas ebenso Genaues wie Geheimnisvolles ist: die Grundform, in der das Menschliche besteht; der Grundbegriff, aus welchem heraus es allein verstanden werden kann.

Augustinus findet darüber im Beginn seiner »Bekenntnisse« den für immer gültigen Ausdruck, wenn er sagt: »Zu Dir hin hast Du uns erschaffen, o Gott.« Das ist nicht enthusiastisch oder erbaulich gemeint, sondern genau. Gott hat den Menschen in eine Beziehung zu sich gesetzt, ohne die er weder sein noch verstanden werden kann. Er hat einen Sinn; der aber liegt über ihm, in Gott. Man kann den Menschen nicht so verstehen, daß er als geschlossene Gestalt in sich bestünde und lebte, sondern er existiert in der Form einer Beziehung: von Gott her, auf Gott hin. Diese Beziehung kommt nicht erst als Zweites zu seinem Wesen hinzu, so, daß dieses auch abgesehen von ihr sein könnte, sondern in ihr hat das Wesen seinen Grund.

Der Mensch kann zu einem anderen Menschen in mannigfache Beziehungen treten: des Kennens, der

Freundschaft, des Helfens oder Schadens und so fort. In ihnen entfaltet sich sein Wesen, aber es besteht nicht darin. Er bleibt Mensch, auch wenn er diesen oder jenen Anderen nicht kennt, oder ihm nicht hilft. Die Beziehung hingegen, von der wir sprechen, ist anderer Art. Eine Brücke ist der Bogen, den der Baumeister von einem Ufer des Flusses auf das andere hinüberbaut. Ich kann nicht sagen: Die Brücke kann auf dem anderen Ufer aufruhen, oder auch nicht, und doch immer Brücke bleiben. Das wäre ein Unsinn, denn nur darin ist sie »Brücke«, daß sie sich von diesem Ufer abhebt und auf dem drüben aufruht. So etwa ist zu verstehen, worum es sich hier handelt. Der Mensch ist Mensch nur in der Beziehung zu Gott. Das »Von-Gott-her« und »Auf-Gott-hin« begründet sein Wesen.

Das wird noch deutlicher, wenn wir ins Auge fassen, was den Menschen von allen anderen irdischen Geschöpfen unterscheidet: seine Personalität. Daß er Person ist, bedeutet: er steht im eigenen Stand; er vermag aus eigener Anfangskraft zu handeln; über sich und die Dinge zu verfügen. Auf die Frage: Wer hat das getan?, kann und soll er sprechen: Ich, und in Verantwortung dafür einstehen. Als solchen hat Gott ihn geschaffen. Das ist aber nicht so geschehen, daß Er den Menschen geformt und in sich selbst gestellt hätte, sondern etwas von ganz anderem Rang hat sich ereignet: Gott hat den Menschen zu seinem Du gemacht und Er hat ihm gegeben, seinerseits in Gott sein Du, sein eigentliches Du zu haben. In diesem Ich-Du-Verhältnis besteht sein Wesen. Und nur deswegen, weil Gott ihn in die Beziehung des Ich-Du zu Sich begründet hat, kann der Mensch auch zu anderen Menschen in personale Beziehung treten. Zu einem

Anderen zu sagen: Ich sehe dich... ich ehre dich, ist ihm nur möglich, weil Gott ihm gegeben hat, zu Ihm, dem Herrn, zu sagen: »Du bist mein Schöpfer... ich bete Dich an.«

In der für alles Folgende entscheidenden Offenbarung auf dem Berge Horeb (Ex 3) erscheint Gott dem Moses im brennenden Dornbusch. Wie dieser nach Seinem Namen fragt, antwortet Gott: »Ich bin der Ich-bin.« Der Satz ist unausschöpfbar tief. Er sagt: »Ich bin Jener, der in Macht hier ist und handeln wird.« Tiefer: »Ich bin Jener, der keinen Namen von der Welt her annimmt, sondern nur aus Mir selbst heraus genannt werden kann.« Noch einmal tiefer: »Ich bin Jener, der allein von Wesen her fähig und befugt ist, zu sprechen: Ich.« Dem reinen Sinne nach ist nur Gott »Ich«, Er-selbst. Wenn wir sagen: »er«, dann können wir irgendeinen Menschen meinen; sprechen wir es aber einfachhin, aus der Tiefe des Geistes, dann meinen wir Gott. Wenn wir sagen: »Du«, dann können wir uns damit an einen Menschen wenden; sprechen wir es aber einfachhin, mit unserem ganzen Sein, ins Offene hinaus, dann rufen wir Gott... Dieser Gott ist es, der den Menschen anruft. Und nicht nur so, daß der Mensch schon wäre, und Er richtete nun sein Wort an ihn, damit er irgend etwas erfahre oder tue; sondern indem Gott den Menschen anruft, begründet Er ihn im Sein, und dadurch wird er Person. Der Mensch besteht im Angerufensein durch Gott, und nur so. Abgesehen davon gibt es ihn überhaupt nicht. Könnte man den Menschen von diesem Angerufensein ablösen, dann würde er zum Gespenst – nein, er würde zu nichts. Der Versuch aber, ihn trotzdem zu denken, wäre Unsinn und Empörung.

So kann der Mensch nur von hierher verstanden werden. Sobald man es anderswoher versucht, verfehlt man ihn. Dann braucht man wohl das Wort »Mensch«, aber seine Wirklichkeit ist nicht mehr da.

In der Neuzeit zeigt sich etwas Eigentümliches, das Jeden betroffen machen muß, der fähig ist, Wesentliches zu sehen. Der Mensch – richtiger gesagt, viele Menschen; jene, die geistig Maß und Ton bestimmen – lösen sich von Gott ab. Sie erklären sich für autonom, das heißt für fähig und befugt, sich selbst das Gesetz ihres Lebens zu geben. Das bedeutet folgerichtig auch den Anspruch, sich aus sich selbst heraus verstehen zu können. Diese Haltung geht immer entschiedener darauf zu, den Menschen absolut zu setzen. Ein Ethiker unserer Zeit hat gesagt, der Mensch sei so weit, daß er die Eigenschaften, die er bisher, weil noch unmündig, in einen Gott verlegt habe, nun an sich nehmen könne. Allwissenheit, Allmacht, Vorsehung und Schicksalsführung sollten nun zu menschlichen Eigenschaften werden. Er sei reif und fähig, zu entscheiden, was gut und was böse ist; was gewollt werden soll, und was nicht gewollt werden darf.

Neben dieser Linie läuft aber noch eine andere. Da wird gesagt, der Mensch sei ein Lebewesen wie alle sonst. Seine Geistigkeit gehe aus dem Biologischen hervor, und dieses aus der Materie. Im Letzten sei der Mensch nichts anderes als das Tier, nur höher entwikkelt; das Tier aber nichts anderes als das materielle Ding, nur komplizierter gebaut. So löst der Mensch sich in die stumme Stofflichkeit auf.

Ist das nicht offenbarend? Daß diese beiden Antworten, deren jede die andere aufhebt, zur gleichen Zeit, und aus der gleichen Wurzel heraus gegeben werden? Die beiden Linien zeigen, wie der Mensch sich selbst mißversteht, wenn er das Auf-Hin zu Gott verläßt, das sein Wesen begründet. Hören Sie einmal in die Reihe folgender Widersprüche hinein:

Der Mensch erlebt die Macht- und Sinnfülle des Erkennens und Schaffens. Er fragt, wie das zu verstehen sei, und antwortet: Mein Geist ist der absolute Geist. Ich bin in meinem Kern mit Gott identisch. Ja, ich bin selbst das, was ich früher in der Schwäche der Unmündigkeit »Gott« genannt habe... Der gleiche Mensch aber sagt auch: Es gibt überhaupt keinen Geist. Was man Geist nennt, ist ein Erzeugnis des Gehirns; das Gehirn aber eine höhere Gliederung dessen, was schon der tote Stoff ist.

Und wieder:

Der Mensch erfährt das Gewaltige seiner Initiative, seiner Anfangskraft: daß er nicht nur eine Umsatzstelle der Wirkungsketten ist, die durch die Welt laufen, sondern fähig, Wirkungsketten in sich selbst beginnen zu lassen. So fragt er, was das bedeute, und antwortet: Freiheit, absolute, schöpferische, welche die Ideen und Normen, ja die Welt selbst hervorbringt... Der gleiche Mensch sagt aber auch: Von Freiheit zu reden, ist Unsinn. In Wahrheit gibt es nur Notwendigkeiten. Diese heißen im stofflichen Bereich »Naturgesetz«; im seelischen »Trieb«; im sittlichen »Motiv« – drei Namen für das Gleiche.

Und abermals:

Der Mensch hat das beglückende Bewußtsein, nicht nur ein Exemplar der Gattung zu sein, sondern als Einmaliger in sich zu stehen, als Er-selbst. So fragt er, was das sei? Und die Antwort lautet: Person, ganz auf sich gestellt; ohne Ordnungen, die ihn tragen, noch

Normen, die ihn verpflichten; hinausgeworfen ins Irgendwo, zu dem ebenso gewaltigen wie furchtbaren Schicksal, in jedem Augenblick das eigene Tun, ja, eigene Sein bestimmen zu müssen... Die andere Antwort aber sagt: Die Ansicht, der Mensch sei Person, ist eine Täuschung. In Wahrheit ist er nur ein Element im Weltall; ein Ding unter Dingen; eine Zelle im Staat. Für sich selbst hat er keinen Sinn. Sich in sich selbst zu stellen, ist Verbrechen schlechthin, Sabotage. Er soll im Ganzen aufgehen, und einverstanden sein, in es hineingeopfert zu werden.

So könnte man noch Vieles sagen, aber wir sehen wohl, wie sich hier durch immer neue Abwandlungen hin immer das Gleiche vollzieht: in unerschöpflichem Irrtum mißversteht der Mensch sich selbst. Wie ist das nur möglich?

Als er Gott losließ, wurde er sich selbst unbegreiflich. Seine unzähligen Versuche, sich zu deuten, spielen immer wieder zwischen den beiden Polen: sich absolut zu setzen, oder sich preiszugeben; den höchsten Anspruch auf Würde und Verantwortung zu erheben, oder sich einer Schmach auszuliefern, die um so tiefer ist, als sie gar nicht mehr empfunden wird.

Soviel weiß der Mensch, wer er ist, als er sich selbst aus Gott heraus versteht. Dazu muß er aber wissen, wer Gott ist; und das kann er nur, wenn er Seine Selbstbezeugung annimmt.

Lehnt er sich gegen Gott auf, denkt er Ihn falsch, dann verliert er das Wissen um sein eigenes Wesen. Das ist das Grundgesetz aller Menschenerkenntnis.

Die erste Auflehnung dagegen geschah in der Ursünde. Sie wurde am Anfang begangen, und es ist unergründbar, wie das geschehen konnte. Seitdem steht aber die ganze Menschengeschichte unter ihrer Auswirkung. Mit dieser Lehre tritt die Offenbarung in einen grundsätzlichen Gegensatz zu jedem Naturalismus und Optimismus. Sie sagt uns, daß der wirkliche Mensch, seine Geschichte wie sein Werk, nichts mit den neuzeitlichen Anschauungen zu schaffen haben, wonach er in sicherem Fortschritt zu immer reicherer Selbstentfaltung gelange. Diesen Menschen gibt es nicht.

Die Ursünde bestand darin, daß der Mensch nicht mehr Ebenbild sein wollte, sondern selbst Urbild; wissend und mächtig wie Gott. Damit fiel er aus der Beziehung zu Gott heraus. Die Brücke ging ins Leere. Die Gestalt sank in sich selbst zusammen, und es entstand der verlorene Mensch.

Von langen Strecken seines Lebens im Dunkel der Verlorenheit wissen wir nichts. Vielleicht werden wir einmal fähig, zu hören, was die Kunst der frühesten Zeit darüber sagt; vielleicht lernen wir auch einmal, die paläontologischen Funde daraufhin zu befragen. Bis jetzt geschieht das alles nicht; sondern Frage und Antwort stehen von vornherein unter dem Bann der Entwicklungsvorstellung, wonach alles Frühere Stufe auf dem Wege zum Höheren ist. In Wahrheit war jenes Dunkel nicht die Phase vor dem Hinaustritt in die kulturelle Klarheit, sondern die dumpfe Verstörung nach dem Fall.

In diesem Zustande wußte der Mensch nicht mehr, wer er ist, noch worin der Sinn seines Lebens besteht. Im Norden gibt es das Märchen von den Leuten, denen der Troll das Herz versehrt hat. Von da an wissen sie nicht mehr, wer sie sind. Sie suchen nach sich selbst und finden sich nicht mehr. Das ist ein Gleichnis für das, was wir meinen: die Menschen

wußten nicht mehr, wer sie waren, noch woher sie kamen, noch wohin sie gingen.
Und das ist lange so geblieben – trotz aller Größe der Leistungen und aller Herrlichkeit der Werke, welche die Geschichte erfüllen. Wenn man die Antworten prüft, die der Mensch auf die Frage nach seinem Wesen gibt – und nicht nur manche, sondern alle; nicht nur die mutigen, sondern auch die verzweifelten; nicht nur die edlen, sondern auch die gemeinen – dann sieht man: er weiß nicht, wer er ist. Nur hat er sich an dieses Nicht-Wissen so sehr gewöhnt, daß er es in der Ordnung findet; daß er es mit der Problematik der Natur verwechselt, welche die Wissenschaft Schritt um Schritt überwindet; daß er gar noch stolz darauf ist.
Das ist die zweite Bestimmung, die der Mensch aus der Offenbarung erfährt. Die erste hat gelautet: Der Mensch ist Gottes Ebenbild. Die zweite: Er hat sich gegen den Bezug zu seinem Urbild aufgelehnt, ohne ihn doch aufheben zu können. So ist er ein verstörtes Ebenbild. Und diese Verstörung wirkt in alles hinein, wie er sich selbst versteht, was er tut, was er ist.
Dann geschah die Offenbarung und Erlösung. Sie vollzog sich auf der schmalen Linie der alttestamentlichen Geschichte und vollendete sich in Christus. Durch sie wurde dem Menschen gesagt, wer er sei, indem ihm gesagt wurde, wer Gott ist. Gotteserkenntnis und Menschenerkenntnis wurden wieder ein Ganzes, und das Ebenbild bekam wieder seinen Sinn.
Ja in Christus stieg es zu unbegreiflicher Höhe, denn in Ihm wurde das Menschenbild zum Mittel für die Epiphanie des ewigen Sohnes Gottes in der Welt: »Wer mich sieht, der sieht den Vater.« (Joh 14,9) In

Glaube und Taufe aber erhält der Mensch Anteil an diesem Geheimnis. Der neue Mensch wird geboren, der »gestaltet ist nach dem Bild von (Gottes) Sohn« (Röm 8,29).
Von hierher konnte er sich wieder verstehen. Er war wie Einer, der nach langer Selbstvergessenheit zu sich kommt. Wenn wir das Denken, Schauen, Gestalten, die Ordnung und Weisheit der ersten fünfzehn Jahrhunderte nach Christus betrachten, so sehen wir, wie in ihnen überall der Mensch zu den eigenen Wurzeln vordringt. Zur Höhe Gottes hinaufsteigend, begegnet er der eigenen Wahrheit. Die Innigkeit Gottes erfahrend, wird er der eigenen Tiefe inne. Die Herrlichkeit Gottes ahnend, versteht er die eigene Sehnsucht. Die heutige Wissenschaft vermag die Kunst jener Zeit nicht zu lesen. Sie weiß Endloses über Daten und Zusammenhänge, Formen und Stile: das Eigentliche sieht sie nicht: nämlich die Begegnung des Menschen mit sich selbst in der Begegnung mit Gott – ob es sich nun um die Menschengestalt selbst handelt, oder um den menschlich geformten Raum in Kirche, Palast und Haus; um das Schicksal des Menschen in Gedicht und Drama, oder um das Leben seines Herzens in der Musik.
Das ist die dritte Bestimmung, welche die Offenbarung für das Wesen des Menschen gibt. Sie lautet: Christus hat die Schuld auf sich genommen und gesühnt. Er hat das heilige Bild in Ihm selbst sichtbar gemacht, und der Mensch kann durch Glaube, Liebe und Gehorsam wieder heil werden.
Im Lauf einer Geschichte, die eine Geschichte immer tieferen Verstehens und von dorther bestimmten Lebens hätte sein sollen, kam aber dann wieder der Abfall. Nicht nur dieser oder jener Einzelne, sondern

viele der Einflußreichen und Verantwortlichen lösten sich von der Offenbarung los. Ein ungeheurer Ausbruch künstlerischer, dichterischer und wissenschaftlicher Leistung, staatlicher Gestaltung und wirtschaftlich-technischer Meisterung der Welt ereignete sich. In alledem aber geschah etwas Furchtbares: Ohne zu merken, daß es geschah, ja meinend, jetzt erst dringe er zur wirklichen Wahrheit durch, begann der Mensch wieder zu vergessen, wer er ist.

Er verließ das »Auf-Hin« zu Gott und verstand sich selbst als natürlich-selbstgenügsames Wesen, sein Werk als selbstherrliche Schöpfung. Dabei verlor er aber sein wahres Sein aus den Augen, und ebenso den wahren Sinn seines Tuns.

Nehmen Sie die heutige Wissenschaft vom Menschen, wie sie sich in Medizin, Tiefenpsychologie, Soziologie, Historie ausdrückt – finden Sie in dem, was sie sagt, sich selbst wieder? Wenn Sie die Suggestion wegtun, die sie umgibt; wenn Sie sich auf Ihr innerstes Wissen besinnen – haben Sie dann das Gefühl, Sie seien das Wesen, von welchem da die Rede ist? Erleben Sie nicht das Schauspiel, daß der Mensch mit einem gewaltigen Aufwand an Tatsachen und Methoden von sich spricht, und dabei sich selbst entgleitet? Oder nehmen Sie den modernen Staat, der so riesenhafte Leistungen der Ordnung und Verwaltung vollbringt – haben Sie das Bewußtsein, das Wesen, das da Gesetze gibt und befolgt, regiert und regiert wird, seien Sie selbst? Ist da nicht ein ungeheurer Apparat im Gang, der aber letztlich ins Leere greift? Steht es nicht so, daß da ein Wesen gefaßt, in Ordnungen eingefügt, zu Zwecken gebraucht und mißbraucht, gefördert und zerstört wird; und dieses Wesen wird »Mensch« genannt, ist aber in Wahrheit gar nicht der wirkliche Mensch, sondern ein gespenstisches Ding zwischen Halbgott und Ameise?

Es gibt die pathologische Erscheinung der Amnesie; im Zusammenhang mit dem Kriege ist sie nicht selten eingetreten. Da lebt ein Mensch, tut dies und das, hat aber vergessen, wer er ist. Damit fehlt seinem Dasein Mitte und Einheit. Etwas Ähnliches, aber in ungeheuerlichem Ausmaß, ist dem neuzeitlichen Menschen geschehen. Er ist wie Einer, der seinen Namen vergessen hat, denn sein Name ist eingebettet in den Namen Gottes. Man kann nicht den Namen des Lebendigen Gottes vergessen und seines eigenen Namens, seines eigenen Lebenssinnes und Lebensweges inne bleiben. Das geht ebensowenig, wie eine Brücke stehen könnte, wo sie steht, wenn man das Ufer wegstieße, auf dem sie aufruht. Dieser Mensch ist fieberhaft tätig. Er leistet Ungeheures, um sich selbst zu bestätigen. Er bringt die Welt in seine Macht, um sie als sein Werk aufzurichten. Im Grunde weiß er aber nicht mehr, wer das Wesen ist, welches das tut, noch woher es kommt, noch wohin es geht. Daß dieser Zustand aber nicht nur metaphysisch bleibt, sondern in die Wirklichkeit des seelischen wie des körperlichen, des individuellen wie des staatlichen, des wirtschaftlichen wie des kulturellen Lebens eingreift, sieht jeder, der sehen will.

Hier sind Zusammenhänge wirksam, die zu durchschauen eine Aufgabe des christlichen Denkens ist. Es wird sich zeigen, daß durch die Wirrnis der verschiedenen politischen, wirtschaftlichen, kulturellen Gegensätze, welche die Welt erfüllen, zwei große Fronten gehen, auf denen die eigentlichen Dinge entschieden werden: die jenes Menschen, der den

Anspruch erhebt, sein Dasein und sein Werk aus ihm selbst heraus zu verstehen, und die des anderen, der seinen Namen immerfort aus dem Namen Gottes, und seinen Auftrag vom wirklichen Herrn empfängt.

Dabei erhebt sich aber eine schwere Frage: Wieweit geschieht das auch wirklich?
Wieviele Menschen ergreifen die neue Möglichkeit, wieweit tut es die Menschheit als Ganzes?
Schärfer: Machen jene, welche die Botschaft gehört und angenommen haben, mit ihr auch wirklich ernst? Nietzsche hat den Christen vorgeworfen, sie sprächen zwar von Erlösung, sähen aber nicht so aus, als ob sie wirklich erlöst seien.
Noch einmal radikaler: Sehen denn selbst jene, die es wirklich ernst nehmen, nach Erlöstheit aus? Erscheint in ihnen der »neue Mensch«, der aus dem Glauben und der Liebe hervorgehen soll? Wird das in Christus geheiligte Ebenbild sichtbar? Ist die Botschaft vom neuen, aus der Erlösung hervorgehenden Menschen nicht doch nur ein Wunschbild?
Die Antwort hat Einer gegeben, der an der Quelle der Offenbarung selbst steht, nämlich Paulus. Er hat die Frage erfahren, die aus dem Widerspruch zwischen dem Inhalt des Glaubens und der unmittelbaren Wirklichkeit besteht. Der Christ glaubt, er sei erlöst; er glaubt, in ihm sei das neue Menschenwesen von Gott her erwacht – fühlt er sich aber nicht sofort durch die Erfahrung des eigenen Seins widerlegt? Paulus drückt das durch seine Lehre vom »alten« und »neuen« Menschen aus; vom Menschen des Geistes und vom Menschen des Fleisches. Damit meint er keinen Dualismus; nicht den platonischen Widerspruch zwischen Geist und Körper. Was er »Fleisch«

nennt, ist der alte Mensch mit Leib und Seele; was er »Geist« nennt, ist der neue, wiederum in Leib und Seele lebende, aber erlöste Mensch. Zwischen beiden geht ein unaufhörlicher Kampf; und das Dasein wird als Vollzug dieses Kampfes verstanden. Gewiß gibt es Augenblicke, in denen der »neue« Mensch durchdringt und seiner selbst inne wird; immer wieder tritt der »alte« davor und verhüllt ihn.

So befindet sich der Christ in der schweren Situation, das, was er eigentlich ist, gegen das behaupten zu müssen, was er uneigentlich, aber in fühlbarster Intensität ist. Immer neu entsteht der Zweifel: Bin ich wirklich das, was die Verkündung von mir sagt? Und immer neu muß die Frage im »Trotzdem« des Glaubens, in der »Hoffnung wider die Hoffnung« überwunden werden.

Das ist das vierte, was die Offenbarung uns über den Menschen sagt: Was er sein wird, wenn er ins echte Ebenbild gelangt ist, wird erst deutlich am Ende, nach der Auferstehung und dem Gericht. Dazwischen liegt das Kämpfen in der Verhüllung; das Werden im beständigen Widerspruch.

Es ist wirklich so: der Christ muß an sein eigenes Christsein glauben. An seine Eigentlichkeit wider die ungeheure Kraft des Uneigentlichen. Man könnte sagen, im Text des Glaubensbekenntnisses fehle ein Artikel; der müßte lauten: Ich glaube an den Menschen, der gebildet wird nach dem Bilde Christi; daß er in mir ist, trotz allem, und daß er, trotz allem, in mir reife.

Der Name des Menschen

Im zweiten der sieben Sendschreiben, die Christus in der Apokalypse an die Gemeinden der Provinz Asia richtet, steht ein Wort, das den Leser mit einem geheimnisvollen Ton berührt. Es lautet: »Wer ein Ohr hat, der höre, was der Geist den Gemeinden sagt: Wer überwindet, dem will Ich... einen weißen Stein geben, und auf den Stein geschrieben einen neuen Namen, den niemand weiß, als der ihn empfängt.« (2,17) Das Wort hat Macht. Eine Bewegung in unserem Innersten antwortet ihm, ein Ahnen und Fragen. Wir wollen ihm zu Hilfe kommen, vielleicht öffnet sich des Wortes Sinn.

Was bedeutet der Name in der Existenz des Menschen? Oft hilft es zum Verständnis des Lebens, sich umzuhören, was Brauchtum, aber auch Zauberei und Magie über eine Sache sagen. Schlagen wir solche Nebenwege ein, dann begegnet uns der Name in mannigfacher Weise.

Da ist zum Beispiel der feierliche Akt der Namensgebung, der ja mehr bedeutet als nur die Weise, wie Familie und Allgemeinheit die Geburt eines Menschen zur Kenntnis nehmen. Sie anerkennen sein Dasein, geben ihm Würde und Recht, und ordnen ihn in das soziale Gefüge ein.

Der Name kann darüber hinaus einen besonderen Charakter bekommen: als Ehrenname, der einem Ausgezeichneten gegeben wird; als Kosename, den die Liebe schenkt; als Spottname, mit dem die Verachtung einen Menschen brandmarkt.

Manchmal kommt er in eine seltsame Nähe zum lebendigen Sein seines Trägers. Wer den Namen eines

Menschen im Fluch gebraucht, ist der Meinung, diesen selbst zu treffen – ebenso wie ein Segen, der den Namen enthält, die Absicht hat, seinen Eigner gegen Gefahren zu feien, ihn fruchtbar und glücklich zu machen. Der Zauberer verbindet den Namen mit Handlungen, die Verletzung oder Vernichtung ausdrücken, und ist überzeugt, auf diese Weise dem Gemeinten Unheil und Untergang bringen zu können.

Wenn wir das Gefühl prüfen, das da waltet und das, trotz aller Aufgeklärtheit, auch wir Heutige noch irgendwie empfinden, so sehen wir, wie sich darin der Name eines Menschen und seine lebendige Person einander nähern, auf einen Punkt hin, wo sie – so die Meinung – eins werden...

Der Mensch ist Gottes Ebenbild; daher ist es vielleicht erlaubt, an die Weise zu erinnern, wie die Heilige Schrift vom höchsten, nein, dem »Namen« schlechthin spricht. In ihrem Reden wird nämlich der Name Gottes mit dem Heilig-Wesenden selbst identisch. So sagt der Herr vom Tempel: »Ich... lasse meinen Namen dort wohnen immerdar.« (1 Kön 9,3) Also nicht nur: man wird ihn dort verkündend, preisend, betend aussprechen, sondern: der Name Gottes wird selbst die heilige Wirklichkeit sein, die dem eintretenden Menschen entgegentritt... Das zweite der Zehn Gebote – »Du sollst den Namen Gottes, deines Herrn, nicht mißbrauchen« (Ex 20,7) – setzt nicht allein voraus, daß das leichtfertige und frevelnde Nennen es an der schuldigen Ehrfurcht fehlen läßt, sondern daß durch es der Heilige selbst in das Gefüge unheiliger Worte und Gesinnungen gebracht wird... Wenn endlich im Psalm der Glaubende sagt: »Unsere Hilfe ist im Namen des Herrn«

(124,8), dann bedeutet das nicht nur, er rufe Gott an oder versichere sich seines Beistandes, sondern der Name ist selbst die lebendige Gottesmacht, und er geht, von ihr umhüllt und getragen, in die Gefahr... Doch lassen wir dieses Geheimnis; wir wollen ja vom Menschen sprechen.

Was bedeutet also der Name des Menschen? Durch ihn tritt das Wesen des Menschen in die Offenheit des Wortes.

So lange ein Ding unbenannt bleibt, liegt es in der Verhüllung des Schweigens. Schon das Kind aber fragt: »Was ist das?«, und nicht nur, weil es wissen möchte, sondern weil es sich durch die Unbekanntheit irgendwie beunruhigt fühlt. Antwortet dann die Mutter: »Das ist Schnee«, so verliert das weiße, stille Wesen seine Fremdheit, und der Weg zu ihm wird offen... Wenn in der antiken Welt ein Fremder ins Haus tritt, wird er höflich empfangen, bleibt aber fern; man weiß nicht, welche Macht sich in ihm nähert. Dann fragt man ihn nach seinem Namen, und nachdem er ihn gesagt hat, ist die Beziehung da. Nicht nur, weil man nun die Situation kennt, sondern weil durch die Nennung des Namens der geistige Raum sich öffnet und Gast wie Gastgeber umschließt.

Durch den Namen steht der Mensch in der Gemeinschaft; hat darin seinen Ort, sein Recht und seine Ehre.

Wann wäre der Name – aber sprechen wir genauer: wann wäre mein Name voll und richtig? Wann könnte ich mit ihm ganz einverstanden sein?

Vor allem: Wenn er nicht unbestimmt lautete, sondern wirklich mein Wesen ausspräche, voll und genau. Aber er müßte auch meine Person aussprechen, so daß es nur mein Name wäre und nicht der

eines Anderen. Meine Einmaligkeit müßte in ihm ihren Ort finden.
Durch diesen Namen würde ich im offenen Raum stehen, zum Guten, aber auch zum Schlimmen. Mit der Sprache der Magier gesprochen: Jeder könnte ihn zum Segen, aber auch zum Fluch für mich gebrauchen. So müßte etwas Weiteres hinzukommen: der Name müßte geschützt sein, nur von jenen gekannt, mit denen ich mich verbunden fühlte; nur in dem Maße gekannt und offen, als der Andere mir wohl wollte, mich liebte – es sei denn, ich spräche ihn im Kampf aus und sagte damit dem Anderen die Gegnerschaft meiner persönlichsten Kraft an.
Wie aber könnte ein solcher Name zustande kommen?
Er müßte aus meinem eigensten Innen hervorgehen. Ich selbst müßte es sein, der in ihm sein Wesen ausspräche. So wäre er die worthafte Entfaltung dessen, was ich bin... Der Name könnte mir aber auch von »außen« kommen; von dem Menschen, der mir nahe steht, der mich liebt. Für ihn müßte mein Name die Offenwerdung und Entfaltung jenes »Du« sein, das ich für ihn bin. Auch das wäre nötig, denn ein bestimmter Anblick meines Wesens öffnet sich mir selbst nicht, nur dem Anderen – jenem Anderen, der das Auge der Liebe hat... Und beides müßte zusammenkommen: der Name aus dem »Ich« und der aus dem »Du«; der Selbstbekundung jener, der Anrede dieser. Dann wäre die Nennung voll.
Wenn aber mein Name aus meinem Wissen von mir selbst hervorgehen soll – weiß ich mich denn? Bin ich mit dem, was ich bin, so vertraut, daß ich es in ein Wort hineintun und durch es mich offenbart fühlen könnte? Ich brauche ja bloß in mich hineinzublicken,

um zu sehen, daß es nicht so ist. Einzelnes in mir kenne ich; Anderes ist fremd. Bestimmte Bereiche drinnen sind mir offen; andere liegen verborgen. Versuche ich, mich selbst zu erfassen, etwa um Klarheit für eine Entscheidung zu bekommen, oder mich einem anderen Menschen mitzuteilen, dann merke ich, wie ich mir entgleite. Durch mein ganzes Leben geht ja doch die Bemühung, mich zu verstehen; so bin ich auch mit dem Versuch, mich zu nennen, mein Leben lang unterwegs. Ebenso unterwegs, wie mit dem Bemühen, mich selbst zu verwirklichen; der zu werden, zu dem die Möglichkeiten in mir liegen und der ich sein soll...

Was aber die andere Herkunft des Namens angeht: daß nämlich der Mensch, der mich liebt, mir sagte, wer ich bin, so ist es damit ebenso schlimm bestellt. Denn einmal und vor allem: Liebt der Andere mich wirklich? So, daß ihm daraus echtes Sehen und Verstehen kommt? Oder will er etwas? Begehrt er? Berechnet er? Spielt vielleicht sogar in seinen Blick Mißtrauen, oder Eifersucht, oder Abneigung, oder was ihn sonst blind machen kann, hinein? Aber selbst wenn er echte Liebe hat – erreicht sie wirklich mein Wesen? Auch hier ist ein langer Weg, und das Genanntwerden durch den Anderen gelingt immer nur in Annäherung. Vollkommenheit aber wäre, wenn mein innerstes Sein und mein eigenster Name in eins gingen. In Rudyard Kiplings Roman sitzt der junge Kim an einer Wand und spricht sich selbst zu: »Ich – Kim; Ich – Kim.« Er fühlt, wie es immer tiefer hineingeht, und will den Punkt erreichen, wo Name und Sein identisch werden. Doch plötzlich reißt es ab; und reißt jedesmal ab, so oft er es versucht. Ein alter Brahmane aber steht vor ihm und nickt traurig: »Ja,

ja, ich weiß; es gelingt nicht.«
Der eigentliche Name ist ein Ziel, das nie erreicht wird.
Noch aus einem anderen Grunde wird der eigentliche Name in unserem zeitlichen Dasein nicht erreicht: er müßte dem betreffenden Menschen – und also jeweils jedem – allein gehören, und daher jeweils nur einmal gegeben sein. Eben damit wäre er aber als Ordnungsmittel menschlicher Gesellschaft unbrauchbar. Von einem Namen würde keine Brücke zum Anderen hinüberführen. Wir sehen denn auch, daß die tatsächlich gebrauchten Namen Konvention sind. Jeder wird von Vielen getragen, und erst Zusätze oder Verbindungen mit anderen schaffen Unterschiede.
So langen wir verwundert, ja betroffen vor der Tatsache an, daß es in unserem unmittelbaren Dasein den eigentlichen Namen nicht gibt. Bedenken wir aber, was er für die verschiedenen Formen der Gemeinschaft und Gesellschaft bedeutet, so fühlen wir, wie sich in dieser Tatsache die Fragwürdigkeit unserer Existenz ausdrückt.

Nun sind wir wohl eher vorbereitet, das Geheimniswort des zweiten Sendschreibens zu verstehen. Lassen wir es uns noch einmal nahe kommen: »Wer ein Ohr hat, der höre, was der Geist den Gemeinden sagt: Wer überwindet, dem will Ich... einen weißen Stein geben und auf den Stein geschrieben einen neuen Namen, den niemand weiß, als der ihn empfängt.«
Der Glaubende, der »überwunden«, das heißt, die Bedrängnis der Tagesnöte und Verfolgungen durchgestanden hat, ist dadurch zur Treue durchgedrungen; zur Einheit mit dem Willen Gottes, und eben damit zur Einheit mit Ihm selbst. Wenn er aus den

Verhüllungen dieses Daseins in die Ewigkeit geht, gelangt er vor Gott: vor Jenen also, der ihn im Grunde allein wirklich liebt, ihn wirklich und ganz erkennt. Im Lichte dieser göttlichen Erkenntnis erkennt aber auch der Mensch erst wirklich sich selbst. »Ich werde ganz erkennen, wie auch ich ganz erkannt bin«, sagt Paulus im ersten Korintherbrief (13,12). Nur in Gott liegt jedes Menschen Wesen. Nur in der Begegnung mit Ihm erfährt er, wer er ist, denn nur Gott kann es ihm sagen. Nur Gottes Liebe gibt ihm den endgültigen Stand im eigenen Selbst. So ist Gott es auch, der zu ihm das reine »Du« spricht. Der Ausdruck dieses Wissens, das Gott von ihm hat, und das er in Gott von sich selbst gewinnt, ist sein wirklicher Name[1].

Dieser Name ist die Besiegelung eines schöpferischen Geschehens: »Siehe, ich mache alles neu«, spricht Gott in der gleichen Apokalypse (21,5). Er bedeutet mehr, als den Ausdruck von etwas, das schon ist; offenbart vielmehr die Vollendung der Gnade, und »Gnade« meint, daß mir gegeben wird, worüber ich keine Gewalt, noch worauf ich ein Recht habe, das mich aber erst zu dem macht, was ich zu sein verlange.

In jenem Augenblick, da der Mensch vor den Gott der Gnade gelangt, vollendet Dieser an ihm das Werk der Schöpfung und der Erlösung. Gott erkennt ihn zu dem, was er ewig sein soll; hebt ihn liebend hinein in seine ewige Lebendigkeit. In diesem neuen und

[1] Manche Exegeten deuten den »neuen Namen« auf den Christi; so Lohmeyer (Die Offenbarung des Johannes, 1926, S. 25) und Behm (Das Neue Testament deutsch, Bd. 3, 1935, S. 307). Andere verstehen ihn als den Namen des Vollendeten in der Ewigkeit; so Wikenhauser (Offenbarung des Johannes, 1949, S. 38). Unsere Interpretation folgt der zweiten Auffassung.

eigentlichen »Du«, das fortan zwischen Gott und ihm gilt, wird er zu seinem eigentlichen »Ich«: das wird ausgesprochen in seinem eigentlichen und ewigen Namen.

Dieser Name ist behütet. »Niemand weiß ihn«, nur Gott und er – er in Gott. Das Letzte der Person und ihrer Einmaligkeit kann mit allgemeinen Begriffen nicht gesagt werden. Es wird in der Liebe Dessen gesagt, der diesen Menschen so liebt wie keinen anderen. Das bedeutet keine Anmaßung, denn Gott liebt Jeden als ihn selbst, und also anders als jeden Anderen, weil Er allein ganz realisiert, was Person ist. (Daß Er das aber vermag: für Jeden als ihn allein da zu sein, ist eine sehr tiefe Definition seiner Göttlichkeit.) Der Apostel sagt nichts darüber, ob der also Genannte sich nun seinerseits dem Menschen, den er liebt, nennen und ihm darin offenbar werden könne. Vielleicht dürfen wir aber annehmen, die Ausschließlichkeit, von welcher das hohe Wort spricht, sei eine solche, die in ihre eigene Freiheit gegeben ist.

Im ewigen Leben erfüllt sich der Sinn des Lebens der Zeit, und also auch jener der irdischen Liebe. So begehen wir wohl keine Eigenmächtigkeit, wenn wir das Johanneswort von dem »neuen Namen, den niemand weiß, als der ihn empfängt«, fortsetzen und sagen: er weiß es, und Jener, dem er seinen Namen nennen will. Denn wie soll sonst zustande kommen, wovon die gleiche Apokalypse redet, wenn sie in hohen Geheimnisbildern von der Gemeinschaft der Seligen untereinander spricht? Wenn sie sagt, das ewige Leben sei »heilige Stadt«, »himmlisches Jerusalem« (21,10ff), also Teilhabe der Erlösten aneinander in der Vollkommenheit der Ordnung? Es sei »Lobgesang« (14,2ff), also Einklang der Freude der »Zehntausend mal Zehntausende«? Es sei »Hochzeit« (21,9; 19,7), also Lebenseinung zwischen Gott und den Menschen, und der Menschen untereinander in Gott? Muß da nicht auch jenes Geheimnis verwirklicht werden, in dem wir allein die Vollendung unseres personalen Daseins sehen können: daß jeder ganz er selbst sei, unverwechselbar eigen und frei, zugleich aber jeder in Gemeinschaft mit Allen stehe, und ein unendliches Schenken und Empfangen walte?

Dann wird sich auch jenes andere Geheimnis erfüllen, das wir im Erlebnis des Ich ahnen: die Selbigkeit von Sein und Name. Mein Sein wird vollkommen offen werden im Wort meines Heißens; dieses mein Heißen aber nicht ein Zweites sein, sondern ich selbst. Ich werde als ganz Genannter im Sein stehen, nichts von mir mehr versteckt, und nichts unklar; alles vom Namen Gesagte aber wird wirklich sein, nichts bloß geredet, und nichts leer.

Was endlich den »weißen Stein« angeht, von dem das Wort spricht, so ist der wohl ein Symbol aus der Welt der alttestamentlichen Apokalyptik, vom Seher-Apostel in Besitz genommen, um auszudrücken, daß das von ihm Verkündete Geheimnis ist. Wahrheit und Erfüllung von Tiefgeahntem, aber nicht vom Menschen her zu gewinnen. Es ereignet sich in der Verborgenheit jener Nähe, die Gott seinem Geschöpf vorbehält, wenn Er der Liebe ihren letzten Ernst gibt. So soll denn auch alles, was hier gesagt worden ist, nur in jener Zurückhaltung gesagt sein, die dem Reden über ein solches Geheimnis ziemt.

Gottes Nähe und Ferne

In mancherlei Weise können die Geheimnissse des Heils und die Hoffnungen ewigen Lebens ausgesprochen werden: durch den Ruf der Verkündung, die Gebote der Weisung, die Begriffe der Theologie – das Lebendigste wird in Bildern gesagt. Das bedeutet nicht, es geschähe dann ungenau oder spielerisch. Bilder sind zuverlässig, aber in ihrer eigenen Weise. Man darf sie nicht in Begriffe überführen wollen, sondern muß mit ihnen so umgehen, wie sie es verlangen: schauen, fühlen, in ihnen leben.

Dann kommt auch etwas zu seinem Recht, was zum Innersten unseres Menschenwesens gehört: daß nämlich das Sprechen nur eine Seite von etwas Umfassenderem ist, dessen andere Seite Schweigen heißt. Der Mensch bedarf der Wahrheit; er lebt von ihr, wie er von Speise und Trank lebt. Ihrer wird er mächtig, indem er sie im Wort mitteilbar macht – aber auch, indem er sie schweigend durchfühlt. Erst beides zusammen ist jenes Ganze, das wir »Erkenntnis« nennen. Und eins trägt das andere: die schweigende Innewerdung klärt sich in der Offenheit des Wortes; dieses aber versichert sich in der inneren Stille immer wieder seines Sinnes. Das wird in bildlichen Aussagen besonders deutlich; denn der Begriff sucht das Gemeinte sagend zu erschöpfen, das Bild hingegen sagt wohl, weist aber zugleich auf das Unsagbare hin und trägt so das Schweigen in das Sprechen selbst hinein.

Von einem solchen Bild, in dessen Sagen und Schweigen Gottes Geheimnis deutlich wird, soll die Rede sein: von Seiner Ferne und Nähe.

Es klingt zunächst seltsam, wenn mit Bezug auf Gott von Ferne oder Nähe gesprochen wird, da es ja doch für Ihn weder das eine noch das andere gibt, sondern Er einfachhin ist. Wenn wir fragen: Was ist?, dann lautet die erste Antwort: Er, Gott. Dann erst, im Abstand der Anbetung, heißt es weiter: die Welt ist, und in ihr bin ich. Dieses aber, das Endliche, ist nur, weil Er es im Sein hält. Er durchwaltet es, ist ihm inne, tiefer, als es sich selbst je inne werden kann. Dennoch spricht die Offenbarung von Ferne und Nähe.

Was zwischen Menschen geschieht, ereignet sich zwischen den beiden Polen der Nähe und Ferne: Finden und Verlieren, Erfüllung und Entbehrung, Liebe und Treue. So hat die Offenbarung jene Lebenspole zum Gleichnis genommen, und die Kunde von dem, was zwischen Gott und dem Menschen geschieht, in sie hineingebettet.

Im ersten Brief an Timotheus mahnt der Apostel seinen Schüler zur Treue gegen »den König der Könige, den Herrn der Herrscher, dem allein Unsterblichkeit eigen ist; der in einem Lichte wohnt, in das niemand Zutritt hat; den kein Mensch gesehen hat, noch sehen kann« (6,14–16).

In den Worten wird Gottes Ferne fühlbar: seine heilige Unzugänglichkeit, die aber kein bloßes Fern-Sein ist, sondern den Blick ins Unerschaubare zur Anbetung macht. Wenn Gott sie empfinden läßt, dann ist das eine Weise, wie Er sich schenkt – ebenso wie es tiefste Innewerdung bedeutet, wenn Er zu erfahren gibt, daß Er alles Erkennen übersteigt.

Die gleiche Offenbarung spricht aber auch – und es bildet ja recht eigentlich ihre »gute Botschaft« – von

Gottes Nähe. Sie ist zum ersten Mal wirklich geworden, als Er die Welt schuf.
Aber halten wir einen Augenblick inne. Was das Leben des Glaubens müde macht, ist das beständige Hören und Sagen und Lesen der heiligen Worte. Darin werden sie staubig und alt; so muß der, dem an ihnen liegt, sie immer wieder blank und neu machen. Daß Gott die Welt geschaffen hat, ist ein Geheimnis, das Ur-Geheimnis, das Alles umgibt – denn wie kam es, daß Er das tat? Er ist ja doch kein Mythen-Gott, der die Welt braucht, um selbst sein zu können! Zeus und Gaia und Poseidon: verschwände die Welt, dann wären sie nicht mehr. Alle Herrlichkeit der Götter hängt daran, daß Himmel und Erde und Meer sind; Gott bedarf ihrer nicht. Daß Er, dessen die Fülle des Seins und des Lebens ist, gewollt hat, die Welt solle sein, und mit ihr wir Menschen – jeweils der, der dieses bedenkt – das ist eine Unbegreiflichkeit, vor der kein Geist sich tief genug neigen kann. Im Augenblick aber, da Gott die Welt schuf, war Er ihr nahe, denn nur aus seiner Nähe heraus besteht sie.
Und noch näher hat Er ihr kommen wollen, nämlich zu liebender Gemeinschaft. Die Schrift drückt diese in einem blühenden Bilde aus, dem »Garten«, den »Gott im Lande Eden pflanzte, das gegen Osten liegt«, dem Paradies (Gen 2,8). »Garten« ist nicht freie Natur, die entsteht, wenn die Natur zutraulich und zum Lebensraum des Menschen wird. So wird er zum Bild für die Vertrautheit, in die Gott die Menschen hereinnahm.
Im Garten des Anfangs hat Gott mit seinen Menschen gewohnt. Denn wenn es im Text weiter heißt, daß »am Abend, wenn der kühle Wind geht, Gott sich im Paradies erging« (Gen 3,8), und Er die Menschen rief

– wie Er, so dürfen wir wohl weiter denken, es auch sonst zu tun pflegte – ist das nicht ein Bild für Gottes Vertrauen, unerschöpflich in seiner innigen Schönheit?

Das heilige Einvernehmen wird aber zerbrochen, und es heißt im Bericht: Gott »wies den Menschen aus dem Garten hinaus« (Gen 3,23). Dieses »Draußen« ist die Ferne zwischen Ihm und uns, aufgerissen durch die Schuld. Sie dauert lange, sehr lange, bis Seine Liebe anfängt, wieder Nähe zu wirken.

Die Geschichte des Alten Testamentes ist ein einziges »Kommen« Gottes. Wieder ein Bild, denn Er ist ja doch der Einfachhin-Gegenwärtige, für den es nicht Schranke noch Abstand gibt, die Er durch eine Bewegung überwinden müßte. Sobald wir Ihn aber nur so, nur absolut denken, geht alles verloren, was Geschichte heißt, und die ist ja doch die Weise, wie wir bestehen. In diese Geschichte hinein kommt Gott aus der Ferne seiner zürnenden Unzugänglichkeit in eine neue liebende Nähe. Er schließt mit dem berufenen Volk den Bund, durch den es »Sein Volk« wird, und Er »sein Gott«. Er lebt mit ihm, wandert mit ihm, kämpft mit ihm.

Wenn wir das Alte Testament verstehen wollen, müssen wir von der Erfahrung jener Menschen ausgehen, daß Gott sie führt und regiert. Sie muß von ungeheurer Intensität gewesen sein. Das ganze Gesetz des Alten Testaments hat letztlich den Sinn gehabt, den Glaubenden das Leben in dieser Nähe möglich zu machen: daß er sie weder magisch mißbrauchte, noch ihr religiös erlag. Doch das Volk versagt und verlangt einen irdischen König, »wie alle Völker ihn haben« (1 Sam 8,4 ff). Und die meisten Könige versagen dann ebenfalls, denn sie wollen nicht

Gottes Diener sein, sondern aus eigenem Recht herrschen. Gleichgültigkeit und Empörung verdunkeln den heiligen Bund; da erhebt sich die Prophetie, und aus ihren Worten wird ein neues Kommen deutlich, das des Messias, immer drängender gerufen, bis »die Zeit erfüllt ist« (Mk 1,15), und das zweite Unausdenkliche geschieht, größer noch als das der Schöpfung: daß Gott Mensch wird.

Wieder müssen wir uns erinnern, wie oft wir den Satz schon gehört und gesprochen haben; so oft, daß er uns nicht einmal mehr nachdenklich macht. »Gott wird Mensch« – kann das sein? Doch Er hat es geoffenbart; also ist es. Aber welche Unbegreiflichkeit! Warum nur, warum? Gewiß, um unserer Erlösung willen; doch das kann nur die halbe Antwort sein. In Ihm selbst muß etwas drängen, das Ihn den Menschen immer näher bringt. Das Wort »Liebe« steht dafür; auch das aber ein Geheimniswort, denn was bedeutet Liebe, wenn Gott es ist, der da liebt? Und nun ist Er bei den Menschen. Einer von uns. Und es ist endgültig; denn nie macht Er es rückgängig. Wenn wir sehen wollen, wie schwer der Gedanke dem um Gottes Freiheit besorgten Menschen werden kann, dann mögen wir uns erinnern, daß die Gnostiker sagen, wohl sei Er Mensch geworden; nachdem Er aber sein Werk auf Erden vollbracht, habe Er die Fessel abgestreift und sei in die Freiheit des reinen Geistes heimgekehrt. Doch wir wissen: Er ist Mensch geblieben. Wie der Auferstandene den Seinen erscheint, zeigt Er ihnen an Händen und Füßen die Male der Wunden, und die stehen für sein irdisches Leben. Er hat seine verklärte Leiblichkeit ins ewige Leben mitgenommen und sich als der Mensch-Gewordene niedergesetzt »zur Rechten des Vaters«.

Mehr an Nähe kann nicht sein, denken wir; dennoch ist Größeres zu sagen: Er will, wir sollen Ihn in unser lebendigstes Leben aufnehmen; Er will uns Speise und Trank sein. Wenn die Mutter das Kind aus ihrem Geblüte werden läßt und dann an ihrer Brust nährt, gibt sie sich selbst in sein Leben hinein; dieses Geheimnis steigt nun ins Göttliche: Sich selbst gibt uns Gott im Mysterium der Eucharistie. Könnte Er noch näher kommen? Nur indem Er unsere Stumpfheit durchbräche und uns ans Herz rührte, denken wir. Und wenn Er es doch täte!...

Einmal aber wird Seine Nähe die ganze Welt umfassen. Wenn wir den Jubel dieser Botschaft spüren wollen, so mögen wir lesen, was der Römerbrief in seinem achten Kapitel, 18. bis 29. Vers, über die Hoffnung sagt. Sie ist die Erwartung, einst werde alles zu Ihm hineingenommen werden und keine Trennung mehr sein; nicht des Geschaffenen von Ihm, und nicht seiner Geschöpfe voneinander.

Das Geheimnis von Gottes Ferne und Nähe wiederholt sich in der Erfahrung des Einzelnen. Jeder wird wohl einmal inne, wie wunderbar es ist, wenn Er nah, und wie schwer, wenn Er fern ist. Was da freilich jenseits des Bildes, in Gottes Wirklichkeit vor sich geht, kann man nicht sagen; denn auch dann, wenn alles leer scheint, und der Geist Mühe hat, die Worte des Gebetes zusammen zu bekommen, ist Gott da, bestehen wir doch nur dadurch, daß Er da ist. Aus dem Leben der ägyptischen Wüsteneinsiedler wird erzählt, wie einer nach langer Prüfung der Ferne fragt: »Herr, wo warst Du doch in der schrecklichen Zeit?« Gott aber antwortet: »Dir näher als je!«

Immer ist Er nahe, seiend an der Wurzel unseres Seins; redend in der Tiefe unseres Gewissens. Doch es

ist offenbar so, daß wir unser Verhältnis zu Gott zwischen den Polen der Ferne und der Nähe erleben sollen. Durch die Nähe werden wir gestärkt, durch die Ferne geprüft. Wenn Gottes Nähe sich zu fühlen gibt, ist es leicht, gläubig zu sein; ist Er aber fern, dann wird es Zeit für den nackten Glauben, der nichts hat als das Wort: »Ich lasse Dich nicht!«
Mit der großen Geschichte ist es nicht anders. In früheren Zeiten war, so scheint es, die Welt von Gott voll. Nicht, daß die Menschen besonders gut gewesen wären; es hat Unrecht und Sünde gegeben wie heute. Trotzdem war wohl etwas anders: das Gute ist aus der Nähe Gottes heraus geschehen, und das Böse wider diese Nähe, und deswegen waren auch Umkehr und Buße so tief. Im Lauf der Zeit wird aber das Herz immer kühler. Die Welt wird immer voller von Sachen; die Stunde bedrängt von immer heftigerem Geschehen – das Dasein aber in seiner Tiefe wird immer leerer. So leer, daß Einer, der gescheit war wie wenige und im Innersten verworren wie kaum einer sonst, erklären konnte, Gott »sei tot«. Ein furchtbares Wort! Wie es meistens nachgesagt wird, ist es ja nur Gerede; der es aber zuerst gesagt hat, hat damit das Gefühl der Gottesleere, des Alleinseins im Ganz-Fremden ausgesprochen. Daraus hätte in ihm, der ja doch die Offenbarung vernommen hatte, die Treue gegen den fernen Gott hervorgehen können; er hat aber die Weise seines Fühlens mit Wirklichkeit gleichgesetzt und gesagt, Gott sei nicht mehr.
Nun spricht die halbe Welt es ihm nach. Wenn aber einmal die Zeit kommt – und sie wird kommen, nachdem die Dunkelheit durchgestanden ist – und der Mensch Gott fragt: »Herr, wo warst Du doch damals?«, dann wird er wieder die Antwort verneh-

men: »Euch näher als je!« Vielleicht ist Gott unserer frostigen Zeit näher als dem Barock mit der Pracht seiner Kirchen, dem Mittelalter mit der Fülle seiner Symbole, dem frühen Christentum mit seinem jungen Todesmut; nur empfinden wir es nicht. Er aber erwartet, daß wir nicht sagen: »wir fühlen keine Nähe, also ist kein Gott« – sondern daß wir Ihm durch die Ferne hin die Treue halten. Daraus könnte ein Glaube erwachsen, nicht weniger gültig, ja reiner vielleicht, härter jedenfalls, als er in den Zeiten des inneren Reichtums je gewesen ist.

topos taschenbücher

Romano Guardini

Von heiligen Zeichen

84 Seiten

Band 365
ISBN 978-3-8367-0365-9

www.topos-taschenbuecher.de